伊藤賀一

# 日本史を動かした50チーム

歴史を深ぼり!

# 日本史を動かした50チーム

## 第1章 古代ロマンと貴族の政治

人事は能力重視！
鎮護国家政策を進めるぞ
この世は私のものだ
『源氏物語』は恋愛小説
平氏全盛期到来！
廐戸王
聖武天皇
藤原道長
紫式部
平清盛

第2章

# 武力を背景にのし上がる武士たち

オレの時代にならないかな…
北条義時
元軍に負けるな！
北条時宗
天皇中心が正しい世界
後醍醐天皇
政治なんかいやだ！
足利義政
鑑定はお任せあれ
能阿弥
天下統一へ！
織田信長

第3章
# 安定した社会で発展を遂げた江戸

ついに徳川の時代が来た！
徳川家康
お世継ぎのため
春日局
尊王攘夷！
高杉晋作
憲法をつくるぞー！
伊藤博文
日本を立ち直らせるのだよ
吉田茂

第4章

# 近代国家としての成長と対外戦争

## 本書の見方

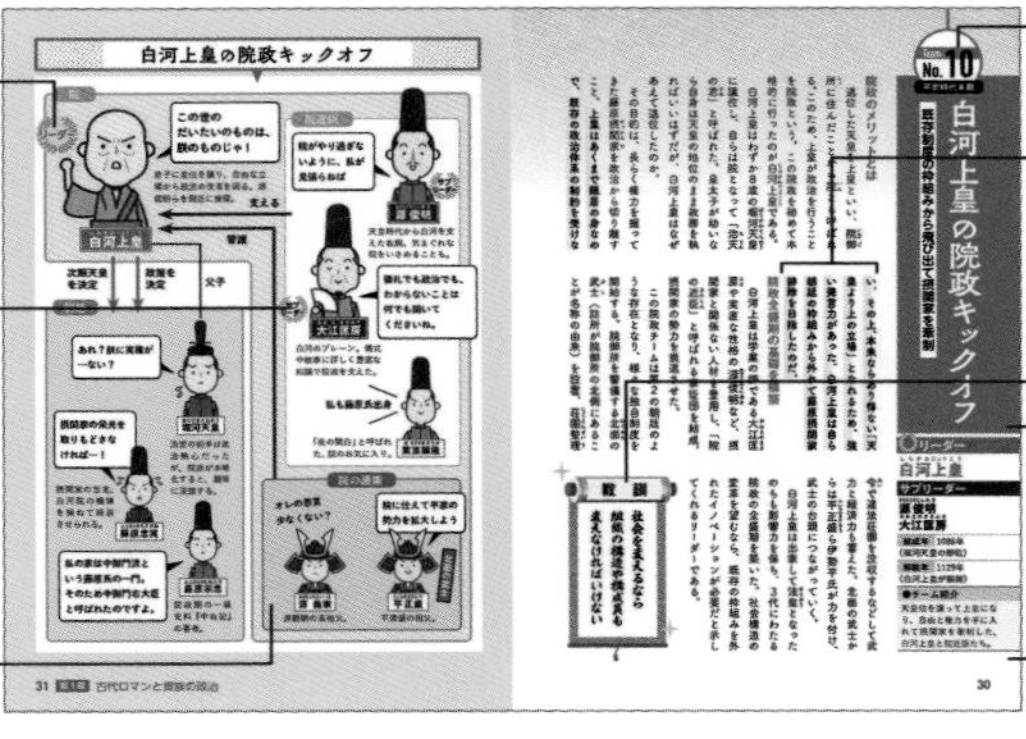


●チームリーダー
チームの顔であり指導者。基本は一人

●サブリーダー
リーダーを補佐し、時にはチームを回した人物。複数人いる場合も

チーム内でも派閥などによって色分け

●チーム番号
通しのナンバー

チームの特徴や転機など、重要な箇所はマーカーで示す

●教訓
チームの事績から学べること

●チームデータ
リーダー。サブリーダー、チーム結成年、解散年、プロフィール

第1章

# 古代ロマンと貴族の政治

## 古墳・飛鳥・奈良・平安時代

| 時代 | 年 | 出来事 |
|---|---|---|
| 弥生時代 | 57 | 倭の奴国王が光武帝より印綬を受ける |
| 弥生時代 | 239 | 邪馬台国の女王卑弥呼が、魏から親魏倭王の称号を与えられる |
| 古墳時代 | 527 | 筑紫国造磐井がヤマト政権に反乱を起こす（磐井の乱） |
| 古墳時代 | 538 | 百済の聖明王が仏像や経典を欽明天皇に贈る（仏教伝来）※552説あり |
| 古墳時代 | 587 | 蘇我馬子、厩戸王らが物部守屋を滅ぼす（丁未の乱） |
| 飛鳥時代 | 592 | **推古天皇が即位。翌年から蘇我馬子、厩戸王の三頭政治が行われる** ⬇P8 |
| 飛鳥時代 | 630 | 犬上御田鍬が唐に派遣される（第一回遣唐使） |
| 飛鳥時代 | 645 | **中大兄皇子らが蘇我氏を滅亡させ、大化改新が始まる** ⬇P12 |
| 飛鳥時代 | 672 | **皇位継承をめぐり、大海人皇子と大友皇子が対立**（壬申の乱） ⬇P14 |
| 飛鳥時代 | 689 | 持統天皇が「飛鳥浄御原令」を施行 |
| 飛鳥時代 | 701 | 「大宝律令」が完成する |
| 奈良時代 | 710 | 平城京に遷都 |
| 奈良時代 | 729 | 藤原四子の陰謀により、長屋王が自害（長屋王の変） |
| 奈良時代 | 737 | 天然痘流行により藤原四子が死亡 |
| 奈良時代 | 738 | **橘諸兄が右大臣に就任し、行政の中心となる** ⬇P16 |
| 奈良時代 | 743 | 墾田永年私財法の制定 |

## 主要人物の生没年一覧

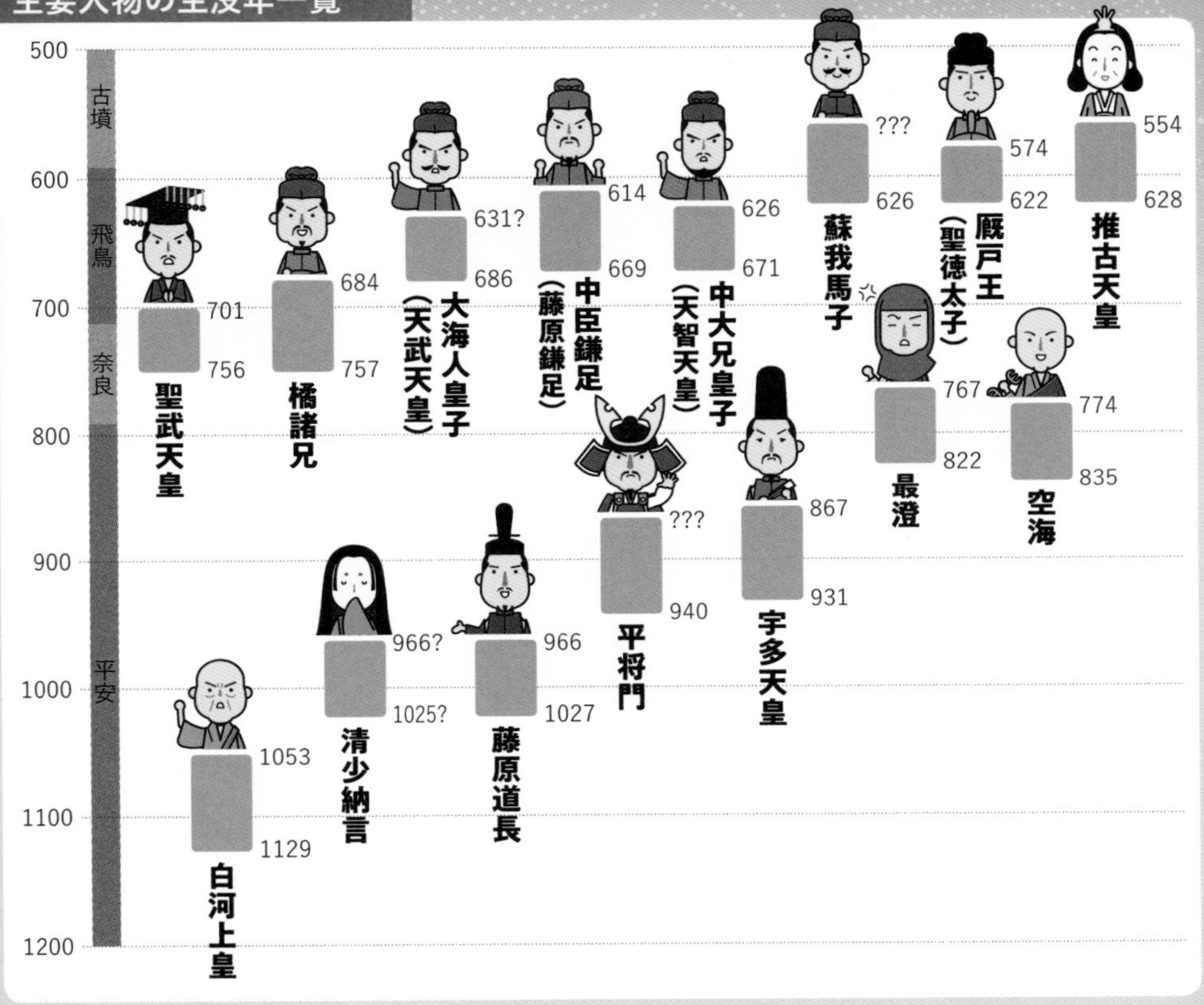

500
600
700
800
900
1000
1100
1200
古墳
飛鳥
奈良
平安
聖武天皇 701 756
橘諸兄 684 757
大海人皇子（天武天皇） 631? 686
中臣鎌足（藤原鎌足） 614 669
中大兄皇子（天智天皇） 626 671
蘇我馬子 ??? 626
厩戸王（聖徳太子） 574 622
推古天皇 554 628
最澄 767 822
空海 774 835
平将門 ??? 940
宇多天皇 867 931
清少納言 966? 1025?
藤原道長 966 1027
白河上皇 1053 1129


| 年 | 平安時代 |
|---|---|
| 752 | 東大寺で大仏開眼供養が行われる ⬇P18 |
| 769 | 宇佐八幡神託事件により、道鏡が失脚する |
| 794 | 平安京に遷都 |
| 805 | 最澄が天台宗を創始 |
| 806 | 空海が真言宗を創始 ⬇P20 |
| 842 | 伴健岑、橘逸勢らが謀反の罪で処罰される（承和の変） |
| 891 | 宇多天皇が菅原道真を蔵人頭に任命 ⬇P22 |
| 939 | 平将門が新皇を自称し挙兵（平将門の乱） ⬇P24<br>藤原純友が瀬戸内で反乱を起こす（藤原純友の乱） |
| 969 | 左大臣源高明が謀反の罪で大宰権帥に左遷（安和の変） |
| 1017 | 藤原道長が太政大臣に就任する ⬇P26 |
| 1028 | 平忠常が反乱を起こす（平忠常の乱） |
| 1051 | 安倍頼時追討のため、源頼義が陸奥へ赴任（前九年合戦） |
| 1083 | 出羽清原氏の内紛に源義家が介入（後三年合戦） |
| 1086 | 白河天皇が堀河天皇に譲位し、院政を開始する ⬇P30 |
| 1156 | 後白河天皇と崇徳上皇が皇位継承で争う（保元の乱） |

Team No.01
飛鳥時代

# 女帝推古の三頭政治

## 日本の政治基盤をつくった日本初の女帝

### 豪族から天皇中心体制への画期

日本史は、必ず天皇が頂点にいるというルールがある。貴族や武士が権力を握った時代でも、彼らは「あくまで天皇から「摂政《せっしょう》」や「将軍」などの役職を任された立場」である。

しかし古代の天皇は、他の豪族とさして変わらない程度の権力しか持っていなかった。**その地位が絶対的存在とされたきっかけは、飛鳥時代の推古天皇《すいこてんのう》の朝廷チームによる体制改革**だ。

推古天皇は敏達天皇《びだつてんのう》の皇后で、実在した日本の天皇のうち初の女性天皇とされる。チーム主要メンバーの厩戸王《うまやとおう》は甥（厩戸王の父が推古天皇の兄）、蘇我馬子《そがのうまこ》は叔父（馬子の姉が推古天皇の母）にあたる。

推古天皇即位までの経緯は次のようなものだ。敏達天皇が病で崩御《ほうぎょ》したのち、次代の用明天皇《ようめいてんのう》（厩戸王の父）も即位2年足らずで崩御した。ここで馬子とその政敵物部守屋《もののべのもりや》が、次期天皇をめぐっての対立を激化させ、内乱に発展。結果的に守屋を討った馬子の擁立する崇峻天皇《すしゅんてんのう》（推古天皇の弟）が即位した。

しかし崇峻天皇は、朝廷で権力を振りかざす蘇我氏や馬子を危険視したため、馬子に暗殺されてしまう。臣下に殺された天皇は、崇峻天皇ただ一人だ。

この時、厩戸王や推古天皇の子である竹田皇子《たけだのみこ》たちはまだ年若かったため、中継ぎとして推古天皇が即位したという。

### 三頭政治の絶妙なバランス

じつは、馬子の権力が強大すぎることを懸念している点では推古天皇も崇峻天皇と同様だった。しかし一方で、馬子の力がなければ豪族たちをまとめあげることは難しいことも事実だった。そこで**推古天皇は、次期天皇候補の厩戸王を自身のサポート役となる摂政に、馬子を豪族の頂点である大臣《おおおみ》に就けることで権力が集中しすぎない三頭政治体制を敷い**たのである。なお、竹田皇子はこの

**リーダー**
推古天皇《すいこてんのう》

**サブリーダー**
厩戸王《うまやとおう》
蘇我馬子《そがのうまこ》
秦河勝《はたのかわかつ》

結成年 592年
（推古天皇の即位）

解散年 622年頃
（厩戸王の死去）

●チーム紹介
女帝の推古天皇、摂政の厩戸王、豪族の蘇我馬子を中心に、日本の政治・文化基盤を築いたチーム。

# 女帝推古の三頭政治 ～政治改革～

天皇家
天皇と豪族一丸となって政治を行いましょう
リーダー
推古天皇《すいこてんのう》
日本初の女性天皇。冠位十二階や憲法十七条の制定など、日本の政治体制の基盤をつくる。
蘇我氏とそりが合わず暗殺された…
推古天皇の異母弟。馬子に暗殺される。
崇峻天皇《すしゅんてんのう》
暗殺
蘇我氏
サブリーダー
推古天皇の叔父で大臣に就く。天皇家と姻戚関係を結び権力の中枢に立つ。
蘇我馬子《そがのうまこ》
天皇家と深くつながる蘇我氏が豪族の代表だ！
摂政としておば様をサポートするぞ！
サブリーダー
推古天皇の甥。「聖徳太子」の別称でよく知られる。日本初の摂政。
厩戸王《うまやとおう》
父上のおかげで私も政界入りだ！
馬子の嫡男。馬子のあとを継ぎ大臣に就く。
蘇我蝦夷《そがのえみし》
兄様のためにがんばるぞ！
厩戸王の弟。軍事の重要ポストに就任。
来目皇子《くめのみこ》
当麻皇子《たいまのみこ》
その他の豪族たち
遣隋使に抜擢された！がんばるぞ！
中国大陸の大国である隋への外交使節となる。
小野妹子《おののいもこ》
厩戸王の右腕です
財政などを担当。
秦河勝《はたのかわかつ》
紫が一番えらい！
役人たちは冠位十二階で管理された。

頃までに亡くなっていたと考えられている。

厩戸王は死後に贈られた称号「聖徳太子」の名でも広く知られ、優れた政治家と評価される。その真骨頂は、天皇中心の国家を築くための政策を発案したところにあるだろう。**世襲制だった朝廷の人事を能力主義に変えた冠位十二階《かんいじゅうにかい》、協調や秩序を重んじた憲法十七条《けんぽうじゅうしちじょう》の制定により、豪族の意のままになっていた朝廷に天皇主権の法治国家の基礎をもたらした。**さらに、現在の中国にあたる隋《ずい》に小野妹子《おののいもこ》をリーダーとする遣隋使を派遣し、日本は独立国家であることを海外にも周知した。

また、厩戸王と馬子は協力して歴史書『天皇記』、『国記《こっき》』を編纂したと伝わる。これらの書物は現存しないが、天皇が日本を支配する正当性を記したものとされる。

## 仏教文化が大いに発展

現代日本では政教分離がなされているため、宗教の政治介入は禁じられているが、歴史的に見れば権力者が宗教を利用する事例は多い。**推古天皇の時代には廃仏派の物部氏を崇仏派の蘇我氏が破ったことから仏教が保護**された。厩戸王は仏教を積極的に政策へと取り込んでおり、憲法十七条では仏教を尊ぶよう記している。この結果、飛鳥時代には仏教の影響を受けた飛鳥文化が隆盛した。

日本で仏像がつくられ始めたのも推古天皇の時代で、仏師鞍作鳥《くらつくりのとり》が制作した法隆寺金堂釈迦三尊像が有名だ。この像にみられる、口元を少しゆるめた微笑み（アルカイックスマイル）は、彼の仏像の作風で最大の特徴である。

こうして推古天皇のチームは政策面からも文化面からも新時代を築いたが、厩戸王が没するとパワーバランスが崩れて馬子に再び権力が集中するようになった。それでも推古天皇は、馬子が朝廷直轄地である葛城《かつらぎ》の地の譲渡を求めてくると、毅然と断って天皇の威厳を示している。

馬子死後も蘇我氏は権力を握り続け、推古天皇が崩御すると、馬子の息子蝦夷《えみし》が舒明《じょめい》天皇を即位させて蘇我氏の傀儡とした。

組織づくりにはパワーバランスの調整が重要。特に有能な若手を積極的に活用するためには、上に立つ人間が強いリーダーシップと絶対的な信頼を持つことが大事だろう。

**教訓**

**有能なリーダーは**
**ベテランと若手の**
**バランス調整が上手い**

# 女帝推古の三頭政治 ～仏教改革～

日本には八百万の神がいるというのに！
物部守屋《もののべのもりや》
排仏派のリーダー。蘇我・厩戸王連合軍に滅ぼされる。
これからは仏教の時代ね！
リーダー
推古天皇
時の最高権力者。厩戸王らの影響で仏教を信仰。憲法十七条にも仏教を盛り込む。
厩戸王に仏教を教えよう
慧慈《えじ》
日羅《にちら》
厩戸王の仏教の師。
滅ぼす
朝廷の仏教推進派
仏教をうまく政治利用できないかのう…
サブリーダー
蘇我馬子
物部氏のライバル。日本初の本格寺院、法興寺（飛鳥寺）を創建。
王に仏教を薦めたのだ
サブリーダー
秦河勝
厩戸王に仏教を推薦し、自らも広隆寺を創建。
仏教はなんて奥深いんだ…
サブリーダー
厩戸王
法隆寺や四天王寺を創建。推古天皇に仏教の教えを説いた。
隋に派遣
最新の仏教をたくさん学ぶぞ！
高向玄理《たかむこのげんり》
隋に渡り仏教を学ぶ。のちに国博士として政界入り。
オー！
旻《みん》
南淵請安《みなぶちのしょうあん》
百済《くだら》の技術を活かして仏像づくりだ！
寺院づくりを任せる
鞍作鳥《くらつくりのとり》
渡来人《とらいじん》たち
鞍作鳥や朝鮮半島からきた渡来人らが仏像や寺を造営した。

Team No.02

飛鳥時代

# 構造改革に成功した大化改新プロジェクト

**蘇我氏を倒し中央集権国家の制度づくりを推進**

**リーダー**

**中大兄皇子《なかのおおえのみこ》（天智天皇《てんじてんのう》）**

**サブリーダー**

**皇極天皇《こうぎょくてんのう》**

**中臣鎌足《なかとみのかまたり》（藤原鎌足《ふじわらのかまたり》）**

**結成年** 645年（「乙巳の変」を起こす）

**解散年** 671年（天智天皇の崩御）

**●チーム紹介**

中大兄皇子が政治改革を実行するために集めた、高スペックなクーデターメンバー。

## 「元号」が誕生した大改革

大化改新《たいかのかいしん》とは、刑法的《けいほう》な「律《りつ》」と民法的《みんぽう》な「令《りょう》」を定めた律令《りつりょう》国家成立のための政治改革。中大兄皇子《なかのおおえのみこ》らが、有力豪族の蘇我入鹿《そがのいるか》を暗殺したクーデター、「乙巳《いっし》の変」をきっかけとする。

当時の蘇我氏は天皇をしのぐ権力を握っていたため、皇極天皇《こうぎょくてんのう》のもと、中大兄皇子は蘇我氏を統《す》べる入鹿を倒し、天皇中心の中央集権国家を確立しようとしたのだ。

**乙巳の変では、入鹿に反発心を抱く中臣鎌足《なかとみのかまたり》や、蘇我倉山田石川麻呂《そがのくらやまだのいしかわまろ》らがチームに参加。朝廷儀式に出席する入鹿を襲撃し、討ち果たすことに成功した。**

そして皇極天皇の弟で、中大兄皇子の叔父孝徳天皇《こうとくてんのう》が即位し、大化改新が始まる。この時、中大兄皇子は皇太子として執政《しっせい》を行い、日本初の元号「大化」の使用が始まった。

## 周到な準備で志を遂げる

孝徳天皇は「改新《かいしん》の詔《みことのり》」を発し、新しい政治の基本方針を示した。土地と人民を天皇が管理する「公地公《こうちこう》民制《みんせい》」、地方行政組織や軍事・交通制度の整備、戸籍に沿って土地を分配する「班田収授法《はんでんしゅうじゅのほう》」、新たな統一的税制の規定などを定め、天皇の支配力を周知したといわれる。

**クーデター直後から大化改新が進んだ理由には、中大兄皇子の生涯にわたる腹心となった中臣鎌足の存在、そして政治顧問の国博士《くにのはかせ》となった学問僧旻《みん》と留学生高向玄理《たかむこのげんり》を、乙巳の変の前段階からチームに迎えていたことが挙げられる。**

そしてなにより天皇の正当性を改めて示し、〝君臣《くんしん》〟という形式で世に秩序を導いたからこそ、国全体に受け入れられたといえるだろう。

**教訓**

**構造改革は信頼できる腹心がいないと成功しない**

# 構造改革に成功した大化改新プロジェクト

乙巳の変実行チーム
蘇我氏の横暴は許さない！
リーダー
中大兄皇子《なかのおおえのみこ》
（天智天皇《てんじてんのう》）
乙巳の変の首謀者。クーデターで、天皇中心の中央集権制を確立させる。
何があっても皇子を支え続けます
サブリーダー
中臣鎌足《なかとみのかまたり》
（藤原鎌足《ふじわらのかまたり》）
のちの世で、貴族の最大勢力となる藤原氏の祖。
蘇我氏だけど入鹿を批判
入鹿を斬る
佐伯子麻呂《さえきのこまろ》
葛木稚犬養《かつらきのわかいぬかいの》網田《あみた》
蘇我倉山田《そがのくらやまだの》石川麻呂《いしかわまろ》
乙巳の変ののち、右大臣に。
阿倍内麻呂《あべのうちのまろ》
左大臣。政策を執行。
隋に留学
高向玄理《たかむこのげんり》
国博士（政治顧問）。
易学のプロ
旻《みん》
国博士（政治顧問）。
中大兄皇子の母。「乙巳の変」の後、弟の孝徳天皇に譲位した。
サブリーダー
皇極天皇《こうぎょくてんのう》
（重祚《ちょうそ》後、斉明天皇《さいめいてんのう》）
姉のあとを継ぎました
孝徳天皇《こうとくてんのう》
「大化改新」という一連の政治改革を行い、日本初の元号「大化」を制定。
滅ぼす
蘇我氏
蘇我氏の本宗家が滅亡かぁ
蘇我入鹿《そがのいるか》
皇位簒奪《さんだつ》を狙ったとされ、暗殺された。
子の入鹿が殺され、自ら館に火を放ちました
父
蘇我蝦夷《そがのえみし》
権勢をふるうも、乙巳の変で自害。
祖父
蘇我馬子《そがのうまこ》
蘇我氏の地位を確立。変前に死去。

Team No.03
飛鳥時代

# 大海人皇子の逆襲計画

## 皇位継承をめぐり古代史史上最大の反乱を起こす

**リーダー**
大海人皇子《おおあまのみこ》

**サブリーダー**
鸕野讚良皇女《うののさららのひめみこ》

**結成年** 671年10月
（大海人皇子が吉野へ入る）

**解散年** 672年7月
（大友皇子が自害し、反乱終結）

●チーム紹介
近江朝廷に不満を抱く地方豪族を仲間に引き入れ、反乱を起こした大海人皇子軍。

### 危険を察知し雌伏の地へ

古代日本では崩御《ほうぎょ》した天皇に弟がいる場合、弟が皇位を継承するのが通例だった。しかし天智天皇《てんじてんのう》は、弟の大《おお》海人皇子《あまのみこ》より、息子の大友皇子《おおとものみこ》を後継者にしたいと考えていた。そして、事実上の皇位継承者を示す太政大臣《だいじょうだいじん》に大友皇子を指名したのだった。

このの ち、死期が迫った天智天皇から「皇位を譲る」と持ちかけられた大海人皇子は、その申し出を辞退して出家、現在の奈良県中部地域にあたる吉野の地へ移って隠棲《いんせい》した。大海人皇子は自分が試されていることを理解していたのである。皇位継承を受ければ、殺されていただろう。

一説では、皇位継承を断るよう助言したのは大海人皇子の妻である鸕《う》野讚良皇女《ののさららのひめみこ》だったという。

### 不満分子を味方につけ勝利

天智天皇崩御後、大友皇子が大海人皇子を危険視して排除の動きを見せると、**大海人皇子のチームは吉野を脱出、打倒大友皇子のチームを結成する。総大将は息子の高市皇子《たけちのみこ》、現場指揮官は側近の村国男依《むらくにのおより》や大伴《おおとも》氏に任せ、自らは美濃《みの》や尾張《おわり》へ協力要請に向かった。**壬申《じんしん》の乱《らん》の開戦である。

じつは、天智天皇はかつて唐《とう》・新羅《しらぎ》との対外戦争に大敗していた他、日本初の戸籍庚午年籍《こうごねんじゃく》を制定して有力豪族の既得権益を脅かしたことから、天智天皇に不満を抱く豪族は多かった。**このため天智天皇直系の大友皇子を嫌い、大海人皇子軍に加わる豪族が続出。結果的に兵力で劣った大友皇子は敗れ、大海人皇子が天《てん》武天皇《むてんのう》として即位した。**

反乱者側が勝利した乱は極めて珍しい。不満分子を巧みに取り入れて状況を有利にした、大海人皇子側の作戦勝ちといえるだろう。

**教訓**

**現状を打破するには不満分子を見極め上手く取り込もう**

# 大海人皇子の逆襲計画

## 大海人皇子軍

私たちの戦略勝ちね…？

天智天皇の娘よ

サブリーダー

**鸕野讚良皇女《うののさらのひめみこ》（持統天皇《じとうてんのう》）**

大海人皇子の妻。吉野へ隠棲する夫に同行し、皇位継承のため挙兵を促したという説がある。

近江朝廷と戦うのだ!!

リーダー

**大海人皇子《おおあまのみこ》（天武天皇《てんむてんのう》）**

天智天皇の弟。次期天皇候補でありながら、大友皇子を擁立する兄の動きを察知し、出家。物部雄君から情報を得て挙兵を決意した。

弟め…野心を隠していたのか！？

**天智天皇《てんじてんのう》**

大海人皇子の兄。息子の大友皇子を太政大臣に就けて、病没。

美濃での軍事は、ぼくが全権だったんですよ

**高市皇子《たけちのみこ》**

大海人皇子の長男。戦で数々の功績を挙げた。

大友皇子が武器と人を集めていますっ！

**物部雄君《もののべのおきみ》**

大海人皇子の舎人《とねり》（護衛）。大友皇子の動きを察知し、大海人皇子に報告した。

**草壁皇子《くさかべのみこ》**

大海人皇子の息子。皇位継承者となるも、即位前に病死。

### 豪族たち

味方しますぞ

**小子部鉏鉤《ちいさこべのさひち》**

尾張の豪族。2万の兵を引き連れて、大海人皇子軍に加わった。

**三宅石床《みやけのいわとこ》**

伊勢の豪族。吉野から来た大海人皇子軍を出迎えた。

しっかりと任務をこなすぞ！

**村国男依《むらくにのおより》**

美濃の豪族。美濃での挙兵を成功させ、近江へ進軍した。

**大伴吹負《おおとものふけい》**

大和で挙兵し、飛鳥を制圧後、難波へと進出した。

↕ 対立

## 大友皇子軍

私たちがお守りします！

**秦友足《はたのともたり》**

鳥籠山《とこやま》の戦いで総指揮をとっていたとされる。

**谷塩手《たにのしおて》**

瀬田橋をめぐる戦いで敗れ、戦死する。

まあまあ…

**十市皇女《とおちのひめみこ》**

大友皇子の妻で、大海人皇子の娘でもある。

ぼくが後継者なのに！

**大友皇子《おおとものみこ》（弘文天皇《こうぶんてんのう》）**

大海人皇子の甥。天智天皇の後継として統治にあたるも、反乱に敗れ自害。

Team No.04
奈良時代

# 疫病後の混乱と戦った橘諸兄政権

## パンデミックで重要人物を失った朝廷が再起を目指す

### 古代の〝緊急事態〟生存戦略

人々を恐怖に陥れ、社会に不安をもたらす疫病との戦いは、歴史においても珍しくない。奈良時代には天然痘が大流行し、政治の中心を担っていた藤原四子（武智麻呂《むちまろ》・房前《ふささき》・宇合《うまかい》・麻呂《まろ》）が立て続けに病死した。

そこで政権の立て直し役に抜擢されたのが橘諸兄《たちばなのもろえ》である。諸兄は皇族出身であり、妻が藤原氏の娘で、聖武天皇《しょうむてんのう》の皇后である光明子《こうみょうし》の義理の兄という血筋。熾烈《しれつ》な権力闘争をしていた皇族と藤原氏を、緊急事態下で仲立ちしながら政権運営できる最適人物だったのだ。

**諸兄はこの危機を人事刷新の好機と捉え、かつては官位や血筋が重視された政権を能力重視で固めた。**その代表メンバーが、遣唐使《けんとうし》として最新の知識や技術を習得した僧侶玄昉《げんぼう》や学者吉備真備《きびのまきび》である。

### 人材力で一定の成果を上げる

天然痘で失われた人口は、全国の3割に達したともいわれる。このため諸兄政権はまず国力回復に注力。民衆の負担を軽減するために国防制度の防人《さきもり》を廃止し、開墾した土地を私財にできる墾田永年私財法《こんでんえいねんしざいほう》を制定して農地の再開発を進めた。当時の日本は朝鮮半島の新羅《しらぎ》と一触即発の関係だったが、農地開発を最優先して国防は潔く切り捨てたのである。

**諸兄政権に不満を抱く藤原広嗣《ふじわらのひろつぐ》の乱などの反発もあったが、すぐに解決されており、政策はおおむね効果を上げた。目的達成には実力重視のチーム編成が有効であることがよくわかる。**

しかし、諸兄の上司である聖武天皇は相次ぐ疫病や天変地異に動揺。遷都や大仏造立を強行し、朝廷の財政難により民衆の負担は増加した。

**教訓**

物事を円滑に進めるには
実力のある人物を
登用することが大切

**リーダー**
橘諸兄《たちばなのもろえ》

**サブリーダー**
玄昉《げんぼう》
吉備真備《きびのまきび》

**結成年** 738年
（橘諸兄の右大臣就任）

**解散年** 749年
（聖武天皇の退位）

**●チーム紹介**
疫病による緊急事態のなか、橘諸兄は朝廷というチームの人事刷新を行い、難局を乗り越えた。

# 疫病後の混乱と戦った橘諸兄政権

義兄の諸兄なら
安心だわ
政治のことは
諸兄に相談しよう
藤原氏出身。藤原四兄弟とは異母兄妹。
光明子《こうみょうし》
聖武天皇《しょうむてんのう》
諸兄を信頼して重用する。
ジャマだった藤原四兄弟がいなくなったぞ……！
武智麻呂《むちまろ》
房前《ふささき》
宇合《うまかい》
麻呂《まろ》
政治を牛耳っていた藤原四子は立て続けに天然痘で死亡。
橘諸兄政権
いよいよ私の時代だ！
再び皇族が政権の
中心を担えるよう、
人事刷新だ！
リーダー
橘諸兄《たちばなのもろえ》
病没した四兄弟のポストに入り、右大臣として政権を掌握。人事刷新を実行して、藤原氏を中枢から排除。
鎮圧
登用
ブレーンに抜擢
藤原氏
なぜ位の低い
玄昉や真備を
登用するのだ！
藤原広嗣《ふじわらのひろつぐ》
宇合の子。藤原氏ではなく玄昉らを登用することに怒り反乱を起こすが、諸兄に鎮圧される。
機を待つ
他はないな
藤原仲麻呂《ふじわらのなかまろ》
武智麻呂の子。諸兄政権でひっそりと出世を重ねる。
諸兄と仲の良い役人
大野東人《おおののあずまひと》
県犬養石次《あがたのいぬかいのいわすき》
大伴牛養《おおとものうしかい》
巨勢奈弖麻呂《こせのなでまろ》
親諸兄派の役人たちが次々と出世した。
遣唐使たち
サブリーダー
私が学んだ
仏教を上奏
しよう
玄昉《げんぼう》
遣唐使。聖武天皇の母の病気を治療したことで政界入りしたとも。
唐で学んだ
知識を
活かすぞ！
サブリーダー
吉備真備《きびのまきび》
遣唐使で学者。知識量が買われ順調に出世を重ねる。

Team No.05
奈良時代

# 聖武天皇の大仏造立プロジェクト

## 見えない敵に篤い信仰心で対抗した天皇

**リーダー**
聖武天皇《しょうむてんのう》

**サブリーダー**
行基《ぎょうき》
良弁《ろうべん》
菩提僊那《ぼだいせんな》

**結成年** 743年
（大仏造立の詔）

**解散年** 752年
（大仏開眼供養）

**●チーム紹介**
聖武天皇は、仏教の力で国を守るため奔走。そのことが副次的に日本の仏教文化を花開かせる。

### 仏教政策を推進した聖武天皇

度重なる遷都で朝廷を財政難に陥らせた聖武天皇《しょうむてんのう》。しかし単なる「迷走した天皇」ではない。なぜなら、東大寺大仏造立という大プロジェクトを熱意で成し遂げたからだ。

聖武天皇の治世では天然痘の流行や地震などの災厄、さらには藤原広《ふじわらのひろ》嗣《つぐ》が反乱を起こすなど、国全体が不安に覆われていた。

聖武天皇は、都の位置が不吉なのではと考えて遷都を繰り返す。しかし事態は好転せず、次の手が仏教の力で国を守る「鎮護国家《ちんごこっか》」だった。

聖武天皇は特に「華厳経《けごんきょう》」と、その教主である盧舎那大仏《るしゃなだいぶつ》に深く帰依し、鎮護国家のためには盧舎那大仏の造立が必要だと考えた。そこで天皇は、僧侶良弁《ろうべん》に華厳経の研究をさせ、その研究成果をもとに「大仏造立の詔《みことのり》」を発した。

### 大仏造立から仏教美術開花へ

**天皇は、積極的に民間人と交流して支持を得ている僧行基《ぎょうき》をチームに加え、大仏造立の資金と労働力の提供を呼びかけた。**

チーム一丸で目標達成に邁進した結果、詔から9年後に東大寺に盧舎那大仏が完成。開眼供養はインドから高僧菩提僊那《ぼだいせんな》を招き、大々的に開かれた。この時にはすでに行基は没しており、聖武天皇も娘の孝謙天皇《こうけんてんのう》（阿部内親王《あべのないしんのう》）に譲位していた。

**聖武天皇の熱心な鎮護国家政策で、日本には仏教文化が開花。後世の文化や芸術に多大な影響を与えた。**

聖武天皇の政策は、朝廷の財政難を招いたものの、日本文化の面から見れば成功といえるだろう。

チームはリーダーの熱意のもとにまとまり、本来の目的以上の成果を得られることもあるのだ。

**教訓**

**どんな厳しい状況でも熱意があるリーダーに人はついてくる**

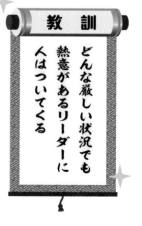

# 聖武天皇の大仏造立プロジェクト

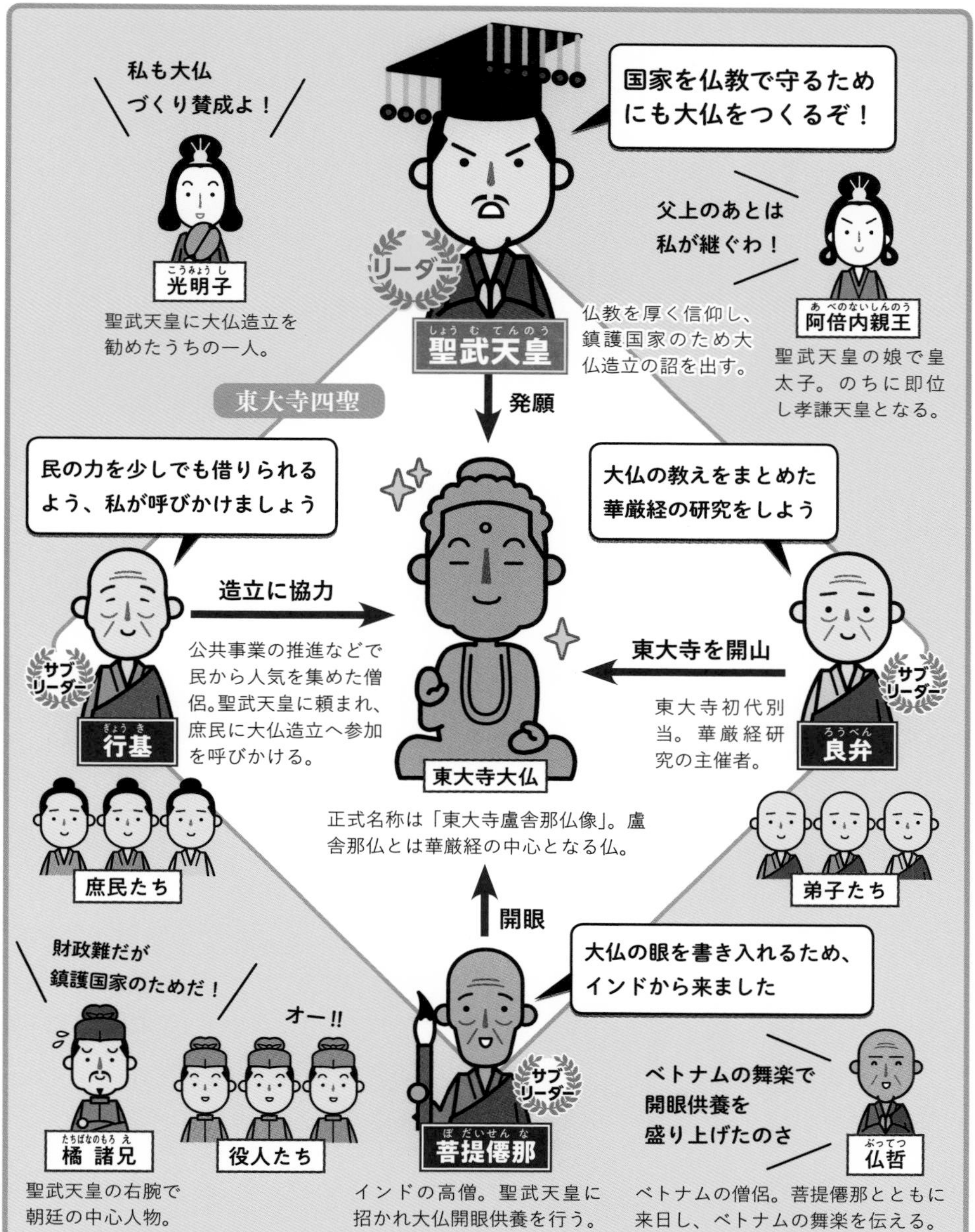

私も大仏づくり賛成よ！
光明子《こうみょうし》
聖武天皇に大仏造立を勧めたうちの一人。
国家を仏教で守るためにも大仏をつくるぞ！
リーダー
聖武天皇《しょうむてんのう》
仏教を厚く信仰し、鎮護国家のため大仏造立の詔を出す。
父上のあとは私が継ぐわ！
阿倍内親王《あべのないしんのう》
聖武天皇の娘で皇太子。のちに即位し孝謙天皇となる。
東大寺四聖
発願
民の力を少しでも借りられるよう、私が呼びかけましょう
大仏の教えをまとめた華厳経の研究をしよう
造立に協力
サブリーダー
行基《ぎょうき》
公共事業の推進などで民から人気を集めた僧侶。聖武天皇に頼まれ、庶民に大仏造立へ参加を呼びかける。
東大寺を開山
サブリーダー
良弁《ろうべん》
東大寺初代別当。華厳経研究の主催者。
東大寺大仏
正式名称は「東大寺盧舎那仏像」。盧舎那仏とは華厳経の中心となる仏。
庶民たち
弟子たち
開眼
財政難だが鎮護国家のためだ！
オー!!
大仏の眼を書き入れるため、インドから来ました
ベトナムの舞楽で開眼供養を盛り上げたのさ
橘 諸兄《たちばなのもろえ》
聖武天皇の右腕で朝廷の中心人物。
役人たち
サブリーダー
菩提僊那《ぼだいせんな》
インドの高僧。聖武天皇に招かれ大仏開眼供養を行う。
仏哲《ぶってつ》
ベトナムの僧侶。菩提僊那とともに来日し、ベトナムの舞楽を伝える。

Team No.06
平安時代前期

# 空海の仏教改革

## 空海と最澄、ライバル関係が進めた仏教革命

### 叩き上げとエリートの邂逅

近年のアイドルグループを見てもわかるように、魅力をわかりやすく伝える「プロデューサー」は重要である。**真言宗《しんごんしゅう》の開祖空海《くうかい》は、仏教の教えの一つ「密教《みっきょう》」のプロデューサー的役割を果たした人物だ。**

僧侶として無名の空海は、当時最新の仏教宗派だった密教を日本に持ち帰るべく、自費で唐に渡った。

この時、同じ遣唐使で違う船に乗っていたのが天台宗の開祖最澄《さいちょう》である。最澄は桓武天皇《かんむてんのう》に重用された年長のエリート。国費で留学に臨んでいた。叩き上げの空海にとって最澄は格上の存在だったといえる。

**空海は唐の高僧恵果《けいか》に密教を学んで帰国すると、高野山を中心に修行の場を設けた。実慧《じつえ》ら十大弟子とともに、密教の伝播の他、治水工事や慈善事業に奔走する。**

### 様々な発想で密教を布教

天才肌の空海は〝体験型〟の布教を重視し、曼荼羅《まんだら》（密教世界を表す絵画）を仏像で再現した東寺立体曼荼羅など、密教プロデューサーとしての手腕を発揮した。

すると、あのエリート最澄が教えを乞うという逆転現象が起きた。最澄は主に法華経を中心に学び天台宗を開いたが、密教も研究したかったのだ。しかし、最澄の弟子泰範《たいはん》が空海に弟子入りして戻らなくなる事件などがあり、二人は疎遠になるものの、ライバルとして切磋琢磨した。

最澄の死後、高弟の円仁《えんにん》・円珍《えんちん》は最澄ができなかった唐での密教研究を成し遂げ、天台宗を密教化。空海の「東密《とうみつ》（東寺密教）」に対抗し、「台密《たいみつ》（天台密教）」を広めた。

空海・最澄の二人によって根づいた密教は現在にまで伝わっている。

**教訓**

**時にはライバルと切磋琢磨することでチーム全体が成長する**

**リーダー**
空海《くうかい》

**サブリーダー**
実慧《じつえ》

**結成年** 806年
（空海の帰国）

**解散年** 835年
（空海の死）

●チーム紹介
天才肌の空海と努力派の最澄。二人はライバルでありながら、密教への信仰心は同じであった。

# 空海の仏教改革

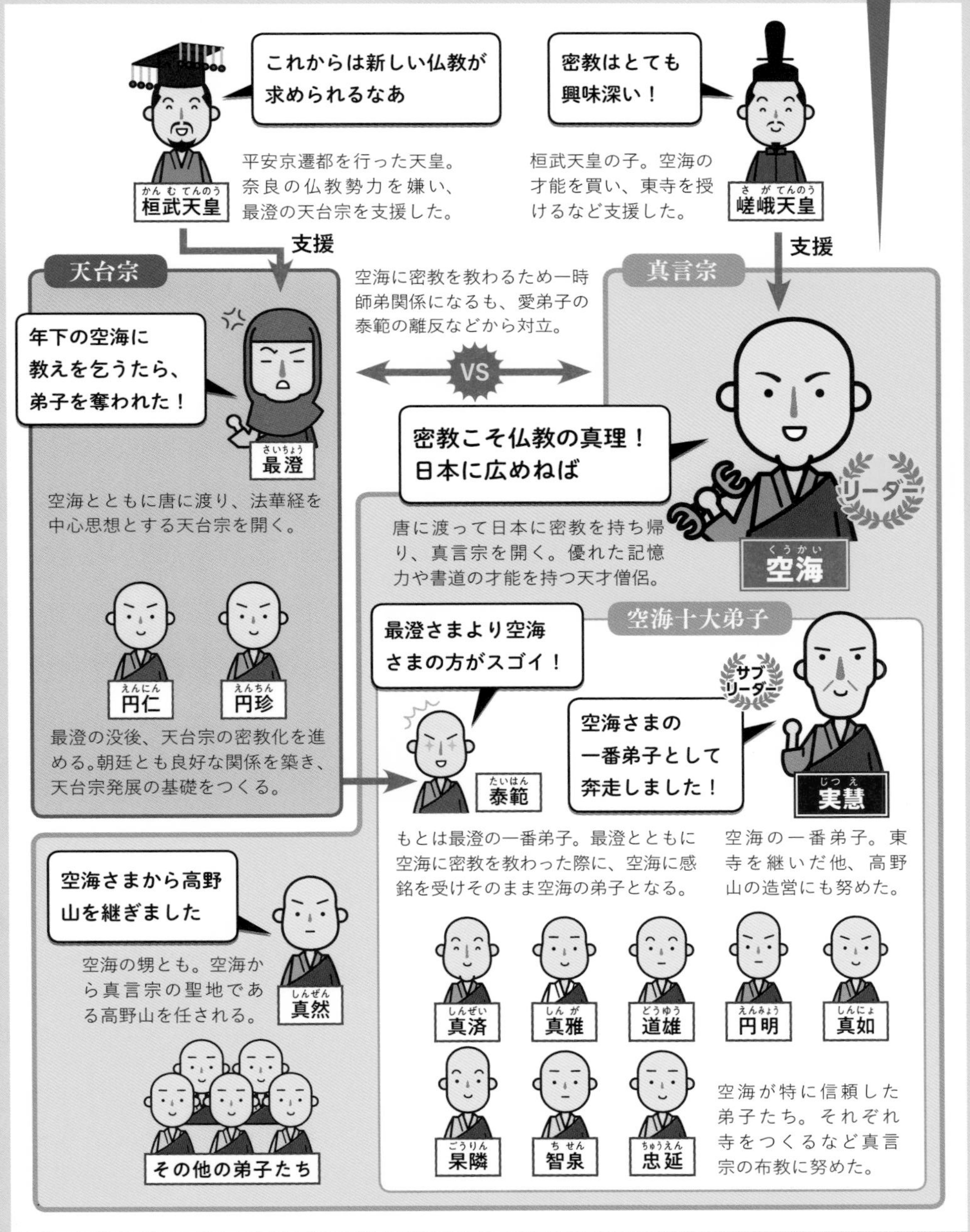
これからは新しい仏教が求められるなあ
桓武天皇《かんむてんのう》
平安京遷都を行った天皇。奈良の仏教勢力を嫌い、最澄の天台宗を支援した。
密教はとても興味深い！
嵯峨天皇《さがてんのう》
桓武天皇の子。空海の才能を買い、東寺を授けるなど支援した。
支援
支援
天台宗
真言宗
空海に密教を教わるため一時師弟関係になるも、愛弟子の泰範の離反などから対立。
VS
年下の空海に教えを乞うたら、弟子を奪われた！
最澄《さいちょう》
空海とともに唐に渡り、法華経を中心思想とする天台宗を開く。
密教こそ仏教の真理！日本に広めねば
リーダー
空海《くうかい》
唐に渡って日本に密教を持ち帰り、真言宗を開く。優れた記憶力や書道の才能を持つ天才僧侶。
円仁《えんにん》
円珍《えんちん》
最澄の没後、天台宗の密教化を進める。朝廷とも良好な関係を築き、天台宗発展の基礎をつくる。
空海十大弟子
最澄さまより空海さまの方がスゴイ！
泰範《たいはん》
サブリーダー
空海さまの一番弟子として奔走しました！
実慧《じつえ》
もとは最澄の一番弟子。最澄とともに空海に密教を教わった際に、空海に感銘を受けそのまま空海の弟子となる。
空海の一番弟子。東寺を継いだ他、高野山の造営にも努めた。
空海さまから高野山を継ぎました
空海の甥とも。空海から真言宗の聖地である高野山を任される。
真然《しんぜん》
真済《しんぜい》
真雅《しんが》
道雄《どうゆう》
円明《えんみょう》
真如《しんにょ》
杲隣《ごうりん》
智泉《ちせん》
忠延《ちゅうえん》
空海が特に信頼した弟子たち。それぞれ寺をつくるなど真言宗の布教に努めた。
その他の弟子たち

Team No.07
平安時代前期

# 宇多天皇が敷いた対藤原シフト

## 藤原氏を排除し天皇親政を実現するため実力者を登用

リーダー
**宇多天皇《うだてんのう》**

サブリーダー
**菅原道真《すがわらのみちざね》**

**結成年** 891年
（藤原基経の死去）

**解散年** 901年
（菅原道真の左遷）

**●チーム紹介**
宇多天皇は菅原道真などを重用し、藤原氏の専横を廃して天皇親政に戻そうとする。

### 藤原氏排除を目指した天皇

皇籍を離れていた源定省《みなもとのさだみ》は、藤《ふじ》原基経《わらのもとつね》の口添えで父が光孝天皇《こうこうてんのう》として即位したことから、皇籍に戻り皇太子となっていた。父が崩御し自身が即位する際、基経に謝意《しゃい》を示そうと、事実上の朝廷最高官位である関《かん》白《ぱく》への就任の詔《みことのり》を出すが、その文中に「阿衡《あこう》」という文言《もんごん》があった。阿衡とは、古代中国の賢臣伊尹《いいん》が任じられた役職のことだが、基経は「具体的な職務がない」と曲解《きょっかい》。職場を放棄してしまう。これを「阿衡事件」というが、宇多天皇は勅書を起草した腹心の橘広相《たちばなのひろみ》を更迭せざるを得なくなり、基経や藤原氏の専横《せんおう》にすっかり嫌気がさしてしまった。

基経が亡くなると、宇多天皇は基経長男の時平《ときひら》と**同時に学者の菅原道真《すがわらのみちざね》を重用《ちょうよう》した。道真の他にも源能有《みなもとのよしあり》、平季長《たいらのすえなが》など、藤原氏以外の人材を重用し、関白も置かなかった。**

### 天皇親政のチームを構える

宇多天皇の親政下《しんせいか》では、遣唐使の停止や宮中を警護する滝口《たきぐち》の武者の制定、さらに和歌の奨励などの文化政策が行われ、当時の元号を取って「寛平《かんぴょう》の治《ち》」と讃《たた》えられた。宇多天皇は特に道真を信頼し、醍醐天皇《だいごてんのう》に譲位《じょうい》する際も、道真の重用を訓戒《くんかい》として命じた。

しかし醍醐天皇は、藤原時平がでっちあげた道真謀反《むほん》の讒言《ざんげん》を信じ、道真を九州の大宰府《だざいふ》に左遷《させん》してしまう。道真が同地で無念の死を遂げると、彼を貶めた関係者が次々と怪死し、道真の祟りだと恐れられた。その後、天皇親政の時期が続くが、基経の子忠平《ただひら》が摂関を務め、実権を取り戻した。

宇多天皇の親政は一時的な成功で終わった。後継者と未来図を共有しなければ、改革の継続は難しいのだ。

**教訓**
改革を続けるには
共有したビジョンを
浸透させることが大切

# 宇多天皇が敷いた対藤原シフト

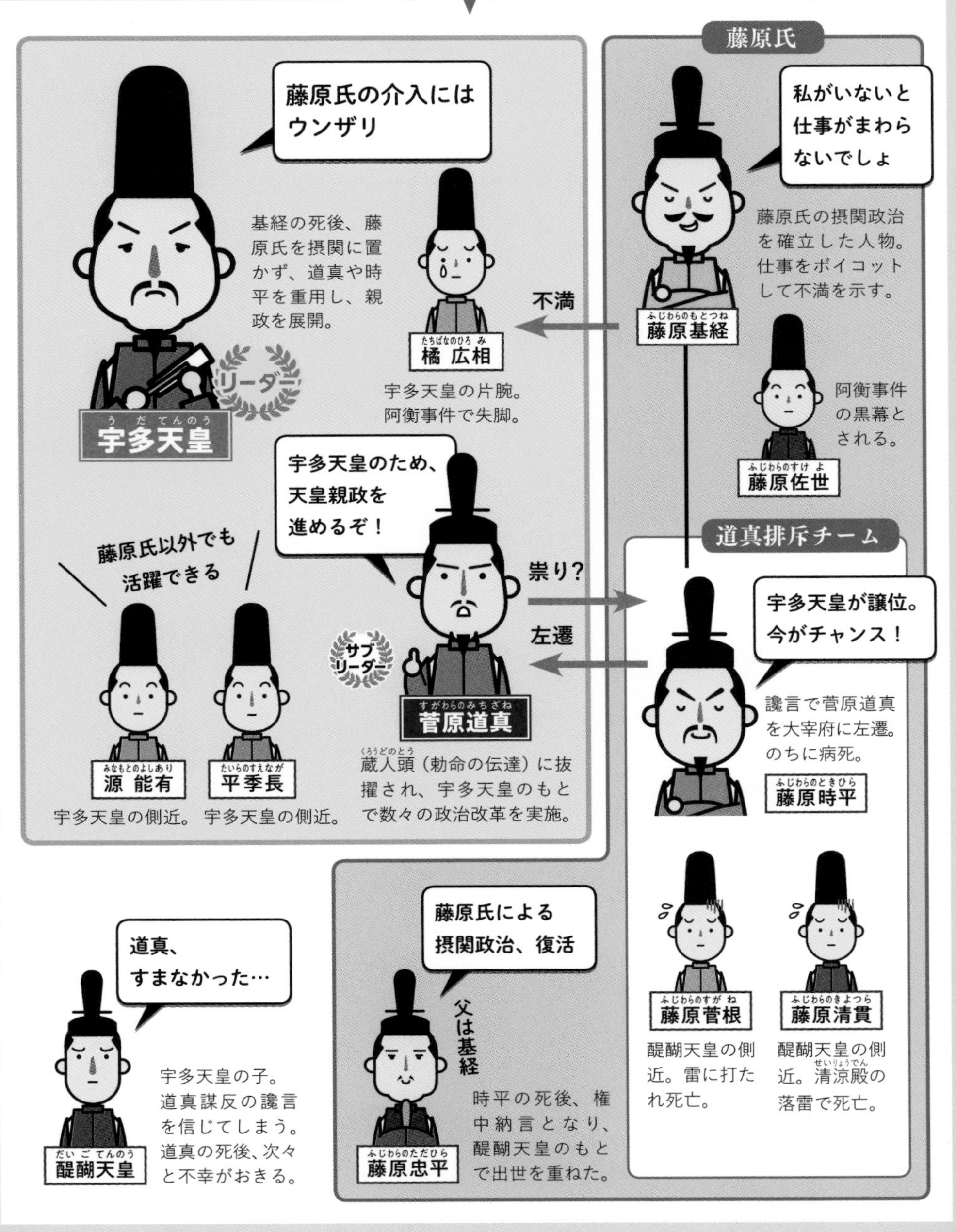

藤原氏の介入にはウンザリ
宇多天皇《うだてんのう》
リーダー
基経の死後、藤原氏を摂関に置かず、道真や時平を重用し、親政を展開。
橘 広相《たちばなのひろみ》
宇多天皇の片腕。阿衡事件で失脚。
不満
宇多天皇のため、天皇親政を進めるぞ！
菅原道真《すがわらのみちざね》
サブリーダー
蔵人頭《くろうどのとう》（勅命の伝達）に抜擢され、宇多天皇のもとで数々の政治改革を実施。
藤原氏以外でも活躍できる
源 能有《みなもとのよしあり》
宇多天皇の側近。
平季長《たいらのすえなが》
宇多天皇の側近。
藤原氏
私がいないと仕事がまわらないでしょ
藤原基経《ふじわらのもとつね》
藤原氏の摂関政治を確立した人物。仕事をボイコットして不満を示す。
藤原佐世《ふじわらのすけよ》
阿衡事件の黒幕とされる。
道真排斥チーム
祟り？
左遷
宇多天皇が譲位。今がチャンス！
藤原時平《ふじわらのときひら》
讒言で菅原道真を大宰府に左遷。のちに病死。
藤原菅根《ふじわらのすがね》
醍醐天皇の側近。雷に打たれ死亡。
藤原清貫《ふじわらのきよつら》
醍醐天皇の側近。清涼殿《せいりょうでん》の落雷で死亡。
藤原氏による摂関政治、復活
父は基経
藤原忠平《ふじわらのただひら》
時平の死後、権中納言となり、醍醐天皇のもとで出世を重ねた。
道真、すまなかった…
醍醐天皇《だいごてんのう》
宇多天皇の子。道真謀反の讒言を信じてしまう。道真の死後、次々と不幸がおきる。

Team No.08

平安時代中期

# 既得権益に対抗した平将門の"新皇"軍

## 勢いで快勝が続くが計画性がなく失敗

リーダー

平将門《たいらのまさかど》

サブリーダー

興世王《おきよおう》

| | |
|---|---|
| 結成年 | 939年 |

(平将門が新皇を称する)

| | |
|---|---|
| 解散年 | 940年 |

(平将門が討死する)

●チーム紹介

強力なリーダーのもと武芸に秀でた一族が、3カ国の国府を奪って東国の覇権を握ろうとした。

### 祟り伝説とは裏腹のお人好し

「将門の首塚」の祟《たた》りで知られる平将門《たいらのまさかど》だが、じつは人の良さで身を滅ぼしたともいえる。

将門は桓武天皇《かんむてんのう》を祖先に持つと伝わる。自身も叔父達との土地争いなどで揉めているなか、武蔵《むさし》の役人であった皇族興世王《おきよおう》と足立郡の役人武《む》蔵武芝《さしのたけしば》の対立や、常陸《ひたち》の武士の藤原《ふじわらの》玄明《はるあき》と常陸の役人藤原維幾《ふじわらのこれちか》との対立の仲立ちをする。そして興世王と玄明に頼られると二人を庇護《ひご》した。

玄明には横領《おうりょう》事件などで追討《ついとう》命令が出ていたため、将門は常陸の政庁《せいちょう》である国府《こくふ》に赦免《しゃめん》を願い出た。しかし国府側が攻撃してきたため、猛将《もうしょう》の将門は応戦《おうせん》、国府を占拠してしまったのだ。

### 勢いに任せて戦い続けた結果

国の機関である国府を奪った以上、将門は反逆者《はんぎゃくしゃ》と見なされても仕方がない。**そこで興世王は「すでに大罪《たいざい》を犯《おか》したのだから、いっそ東国全土を奪って朝廷の出方を探ろう」と提案。承諾した将門は弟将頼《まさより》らとともに連戦《れんせん》し、関東一帯を制覇《せいは》する。**世にいう「平将門の乱」である。

将門は独断で一族を新領主に任命、自らは新たな天皇を意味する「新皇《しんのう》」を名乗る。そこで朝廷は、武勇に優れた平貞盛《たいらのさだもり》、藤原秀郷《ふじわらのひでさと》、源《みなもとの》経基《つねもと》らを派遣し、将門追討を命じる。

季節は春。将門の兵は、普段農業をしている者が多く、農作業のため軍を離れていた。そこを攻められ、将門は討死《うちじに》。一族の者も次々と討たれてしまった。

将門は優れた武勇を誇ったが、行き当たりばったりともいえる戦いを続けて失敗した。リーダーにビジョンがあるか無いかは、チームの運命を大きく左右するのだ。

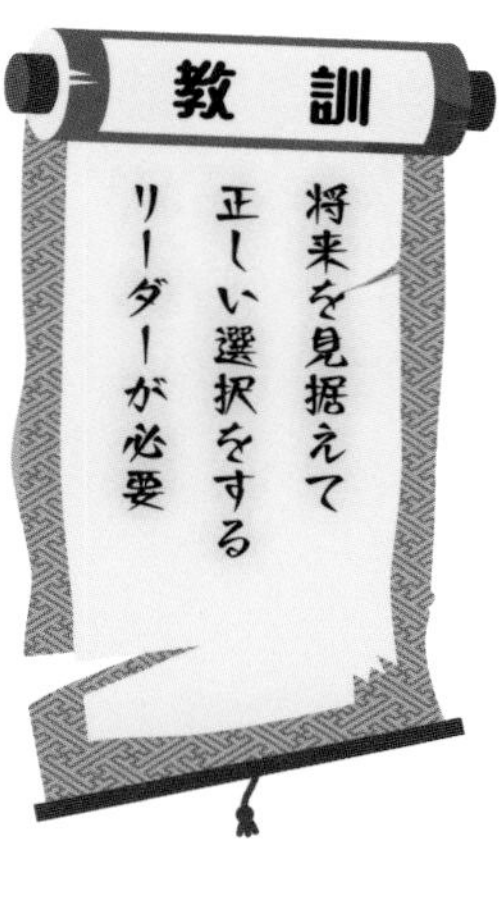
教訓
将来を見据えて
正しい選択をする
リーダーが必要

# 既得権益に対抗した平将門の“新皇”軍

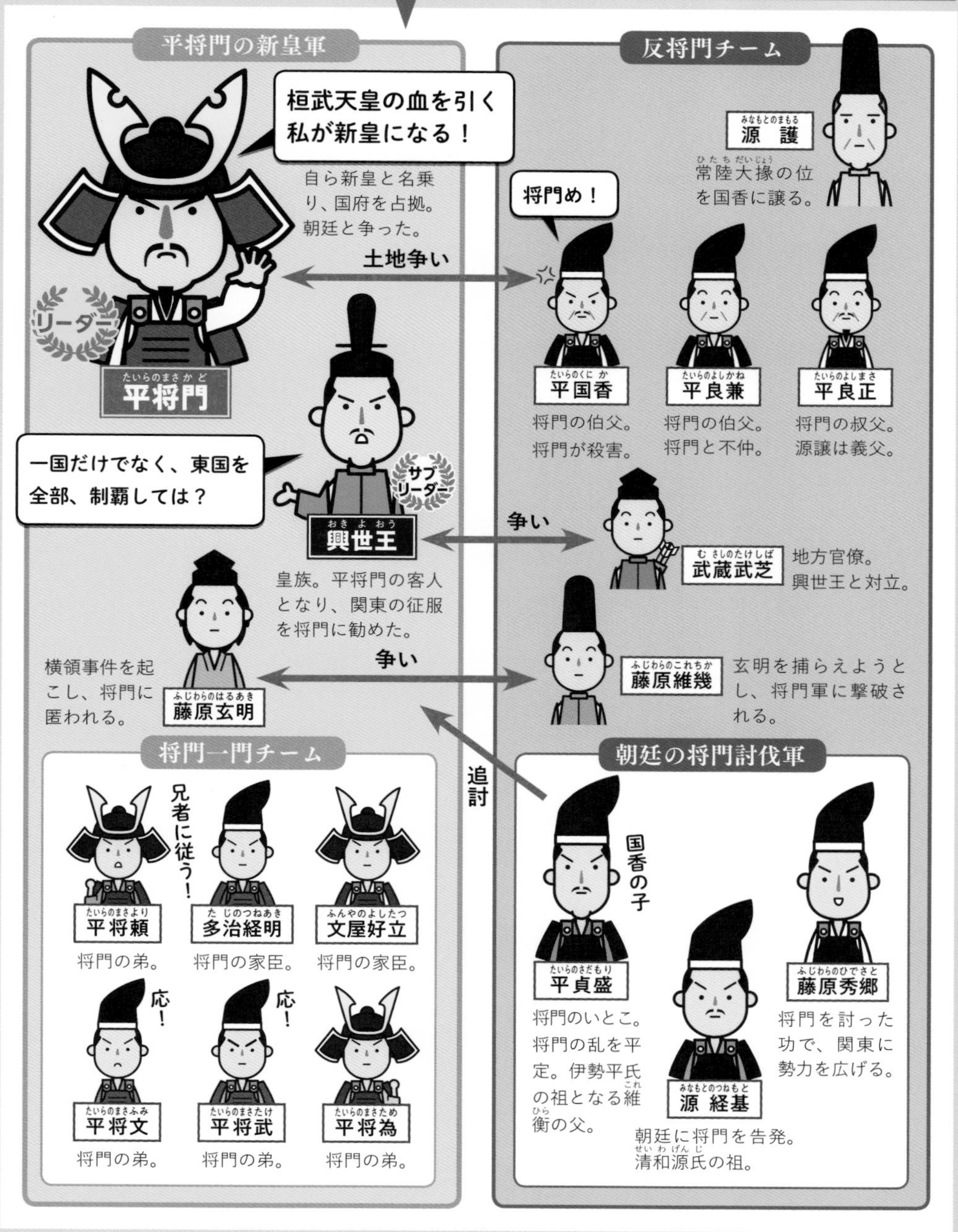

平将門の新皇軍
桓武天皇の血を引く
私が新皇になる！
自ら新皇と名乗り、国府を占拠。朝廷と争った。
リーダー
平将門《たいらのまさかど》
土地争い
一国だけでなく、東国を
全部、制覇しては？
サブリーダー
興世王《おきよおう》
皇族。平将門の客人となり、関東の征服を将門に勧めた。
争い
横領事件を起こし、将門に匿われる。
藤原玄明《ふじわらのはるあき》
争い
追討
反将門チーム
源　護《みなもとのまもる》
常陸大掾《ひたちだいじょう》の位を国香に譲る。
将門め！
平国香《たいらのくにか》
将門の伯父。将門が殺害。
平良兼《たいらのよしかね》
将門の伯父。将門と不仲。
平良正《たいらのよしまさ》
将門の叔父。源護は義父。
武蔵武芝《むさしのたけしば》
地方官僚。興世王と対立。
藤原維幾《ふじわらのこれちか》
玄明を捕らえようとし、将門軍に撃破される。
将門一門チーム
兄者に従う！
平将頼《たいらのまさより》
将門の弟。
多治経明《たじのつねあき》
将門の家臣。
文屋好立《ふんやのよしたつ》
将門の家臣。
応！
応！
平将文《たいらのまさふみ》
将門の弟。
平将武《たいらのまさたけ》
将門の弟。
平将為《たいらのまさため》
将門の弟。
朝廷の将門討伐軍
国香の子
平貞盛《たいらのさだもり》
将門のいとこ。将門の乱を平定。伊勢平氏の祖となる維《これ》衡《ひら》の父。
源 経基《みなもとのつねもと》
朝廷に将門を告発。清和源氏《せいわげんじ》の祖。
藤原秀郷《ふじわらのひでさと》
将門を討った功で、関東に勢力を広げる。

Team No.09

平安時代中期

# 藤原道長一族の栄華と後宮サロン

## 藤原氏の栄華が極まり女流文学も花開いた

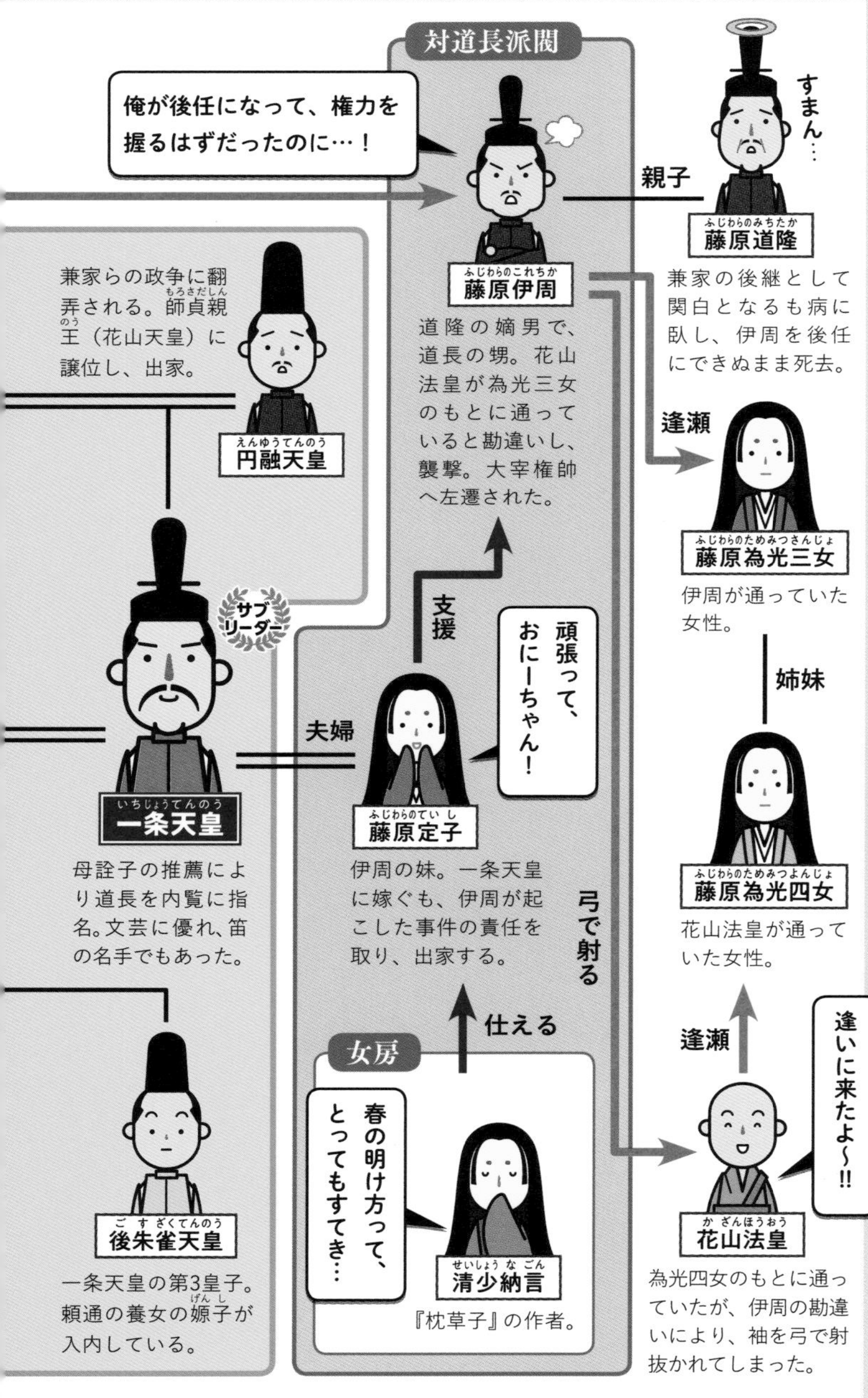

対道長派閥
俺が後任になって、権力を握るはずだったのに…！
親子
すまん…
藤原道隆《ふじわらのみちたか》
兼家の後継として関白となるも病に臥し、伊周を後任にできぬまま死去。
藤原伊周《ふじわらのこれちか》
道隆の嫡男で、道長の甥。花山法皇が為光三女のもとに通っていると勘違いし、襲撃。大宰権帥へ左遷された。
兼家らの政争に翻弄される。師貞親王《もろさだしんのう》（花山天皇）に譲位し、出家。
円融天皇《えんゆうてんのう》
逢瀬
藤原為光三女《ふじわらのためみつさんじょ》
伊周が通っていた女性。
姉妹
支援
頑張って、おにーちゃん！
サブリーダー
夫婦
一条天皇《いちじょうてんのう》
母詮子の推薦により道長を内覧に指名。文芸に優れ、笛の名手でもあった。
藤原定子《ふじわらのていし》
伊周の妹。一条天皇に嫁ぐも、伊周が起こした事件の責任を取り、出家する。
弓で射る
藤原為光四女《ふじわらのためみつよんじょ》
花山法皇が通っていた女性。
仕える
逢瀬
逢いに来たよ～!!
女房
春の明け方って、とってもすてき…
清少納言《せいしょうなごん》
『枕草子』の作者。
後朱雀天皇《ごすざくてんのう》
一条天皇の第3皇子。頼通の養女の嫄子《げんし》が入内している。
花山法皇《かざんほうおう》
為光四女のもとに通っていたが、伊周の勘違いにより、袖を弓で射抜かれてしまった。


**リーダー**

藤原道長《ふじわらのみちなが》

**サブリーダー**

一条天皇《いちじょうてんのう》

藤原彰子《ふじわらのしょうし》

**結成年** 1000年
（彰子が中宮になる）

**解散年** 1017年
（道長が太政大臣に就任）

**●チーム紹介**

伊周との政争に勝利した道長一族と、中宮彰子に雇われた知性あふれる女房たちの後宮サロン。

# 藤原道長一族の栄華と後宮サロン

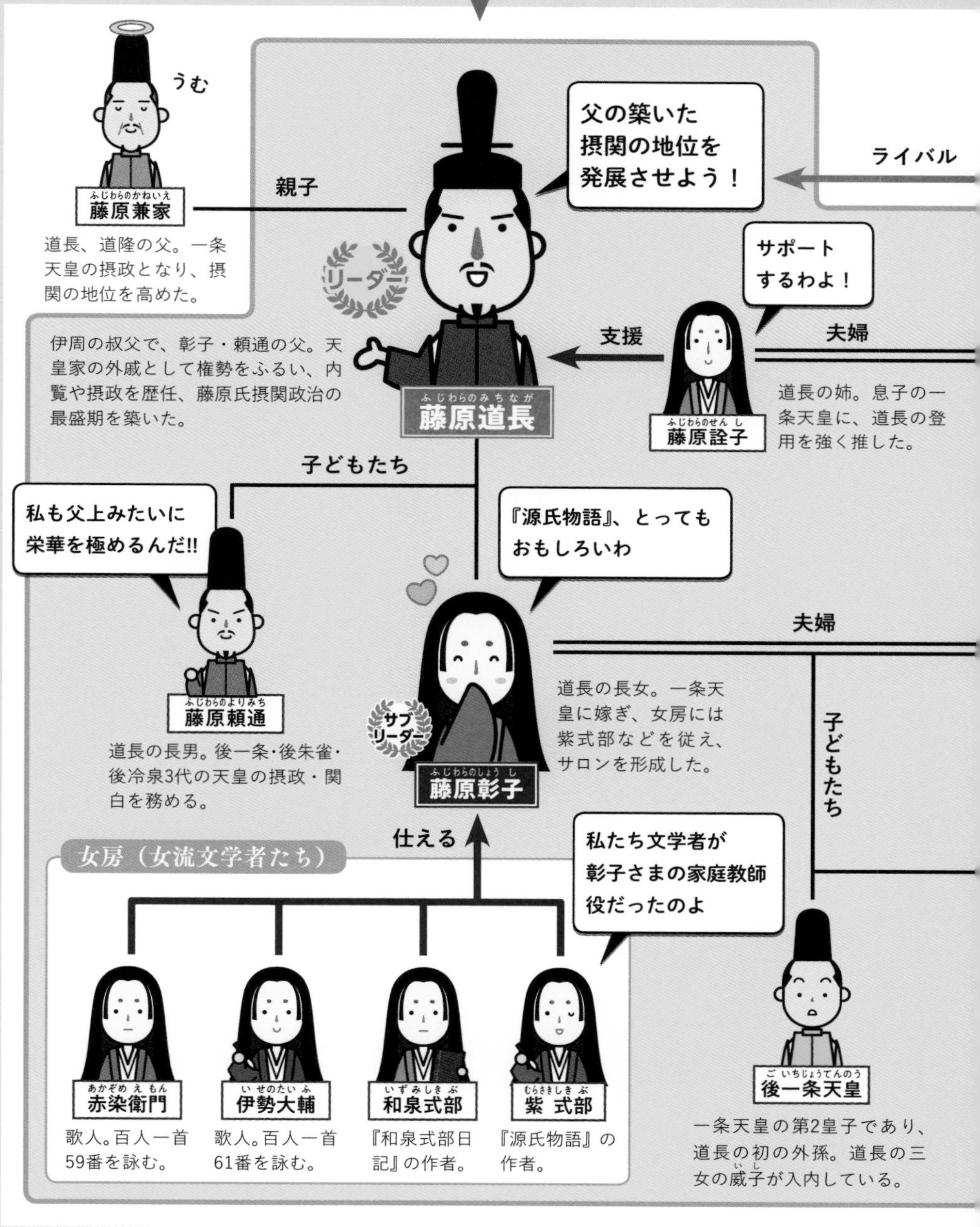

うむ
藤原兼家《ふじわらのかねいえ》
道長、道隆の父。一条天皇の摂政となり、摂関の地位を高めた。
親子
父の築いた摂関の地位を発展させよう！
ライバル
リーダー
藤原道長《ふじわらのみちなが》
伊周の叔父で、彰子・頼通の父。天皇家の外戚として権勢をふるい、内覧や摂政を歴任、藤原氏摂関政治の最盛期を築いた。
サポートするわよ！
支援
夫婦
藤原詮子《ふじわらのせんし》
道長の姉。息子の一条天皇に、道長の登用を強く推した。
子どもたち
私も父上みたいに栄華を極めるんだ!!
藤原頼通《ふじわらのよりみち》
道長の長男。後一条・後朱雀・後冷泉3代の天皇の摂政・関白を務める。
『源氏物語』、とってもおもしろいわ
サブリーダー
藤原彰子《ふじわらのしょうし》
道長の長女。一条天皇に嫁ぎ、女房には紫式部などを従え、サロンを形成した。
夫婦
子どもたち
仕える
女房（女流文学者たち）
私たち文学者が彰子さまの家庭教師役だったのよ
赤染衛門《あかぞめえもん》
歌人。百人一首59番を詠む。
伊勢大輔《いせのたいふ》
歌人。百人一首61番を詠む。
和泉式部《いずみしきぶ》
『和泉式部日記』の作者。
紫 式部《むらさきしきぶ》
『源氏物語』の作者。
後一条天皇《ごいちじょうてんのう》
一条天皇の第2皇子であり、道長の初の外孫。道長の三女の威子《いし》が入内している。

## 道長が権力を手にするまで

外戚《がいせき》政策に成功し、朝廷の権力をほしいままにして藤原氏の全盛期を築いた人物が藤原道長《ふじわらのみちなが》である。外戚とは、母方の親類のこと。つまり道長は娘を天皇に嫁がせて、その子どもを即位させ、天皇の外祖父になって政治を操った。

しかし、道長が頂点を極めるまでの道のりは多難だった。まず、五男（一説では四男）の生まれなので、出世は期待できなかった。ところが父兼家《かねいえ》の死後、長男道隆《みちたか》ら兄たちが相次いで没したためチャンスがめぐってきた。しかしまだ日の目を見ることはできず、甥（道隆の長男）の伊周《これちか》が立ちはだかる。

**道長と伊周の政争は時の天皇一条《いちじょう》天皇《てんのう》の周囲にまで波乱をもたらした。一条天皇の生母であり、道長の姉でもある詮子《せんし》は道長を推し、一条天皇の中宮《ちゅうぐう》で、伊周の妹定子《ていし》は、伊周を推したのだ。**いかにも泥沼化しそうな図式になったが、この対立は意外な展開で幕切れを迎える。

先代天皇の花山法皇《かざんほうおう》は藤原為光《ふじわらのためみつ》の四女のもとに通っていたが、伊周はこれを自分の思い人である為光の三女のもとに通っていると勘違いし、花山法皇に矢※を放ったのである。先代とはいえ天皇を襲撃するなど言語道断。伊周は大宰府《だざいふ》に事実上の流罪となって失脚、こうしてついに、道長の時代がやって来たのだ。

## 娘を中宮（皇后）にして天皇外戚に

政敵が消えた道長は、詮子の力添えもあって、常置の最高官である左大臣に就任。同時に天皇に奉じる文書の閲覧役である内覧《ないらん》を務めた。この二つの権限が重なると、自分の意見や提案だけを天皇に知らせることが可能になる。**この結果、道長の同意を得なければ政治にまったく関われない状況となり、誰もが道長に従うようになったのだ。**

さらに、娘の彰子《しょうし》が一条天皇に嫁いだことで権力が増大。一条天皇には先に中宮の定子がいたが、道長は定子を皇后にし、その代わりとして、彰子を中宮にさせたのだ。中宮は皇后と同等の天皇の妻とされたため、天皇に正式な妻が二人いる二后並立《にごうへいりつ》の例外的状況になった。例外を押し通せた点からも道長の勢いが感じられる。

※矢を放ったのは、伊周の弟隆家の家臣。

彰子は一条天皇との間に皇子を授かり、この皇子が即位（後一条天《ごいちじょうてん》皇《のう》）すると、道長は熱望し続けた天皇の外戚の立場を手に入れ、まさに盤石の態勢となったのである。

さらに次女妍子《けんし》が三条天皇《さんじょうてんのう》、三女威子《いし》が後一条天皇に嫁ぎ、道長の娘は道長存命中に三人も皇后（中宮）となった。これは一家三立后《いっかさんりっこう》と称賛される快挙だった。

威子の結婚の祝宴で道長が詠んだとされるのが、「この世をばわが世とぞ思ふ望月の……」で始まる和歌だ。「この世はまるで自分のものと思えるほどに満ち足りている」という、充実感にあふれた一首である。

式部、源氏の続きはまだかしら？
楽しみにしててくださいね、彰子さま！
うふふ

## 藤原氏で固められた政権

後一条天皇の時代になると、道長の長男頼通《よりみち》が摂政《せっしょう》に就いたのち関白《かんぱく》就任、さらに五男教通《のりみち》が頼通から関白を引き継ぎ、道長の血統が摂政と関白を独占するようになった。摂政は幼帝の代行、関白は成人した天皇の補佐を担う役職であり、実質上道長に連なる藤原氏が天皇と朝廷を動かしたことになる。これが摂関政治である。

ただし、道長は後一条天皇の摂政を一年ほど務めたのみで、関白には就任していない。これは、摂政・関白はあくまでも名誉職で、同年に太政《だいじょう》大臣《だいじん》となり行政に関わり続ける道長からすれば、子に地位を引き継ぎ、自身の家系に摂関就任の風習を確立することを優先したためである。

この他にも**道長は、天皇に興味を持ってもらえる教養を彰子に修得させるため、紫式部《むらさきしきぶ》や和泉式部《いずみしきぶ》、伊《い》勢大輔《せのたいふ》、赤染衛門《あかぞめえもん》などの才女を集めたサロンを形成している。**清少納言《せいしょうなごん》などが集まる定子のサロンとはライバル関係にあり、ここから多くの女流文学が花開いた。

権力の一極集中はネガティブなイメージを持たれがちだが、摂関政治下では権力抗争が起きず、平穏な行政がされた点は評価できるだろう。信頼できる人材、特に身内で力を結束させた運営は、安定した継続力を生み出すのだ。

**教訓**

**身内の力を結束させて経営を行うことは大きな力を生み出す**

Team No.10

平安時代末期

# 白河上皇の院政キックオフ

## 既存制度の枠組みから飛び出て摂関家を牽制

### 院政のメリットとは

退位した天皇を上皇といい、院御《いんのご》所《しょ》に住んだことから院《いん》とも呼ばれる。このため、上皇が政治を行うことを院政という。この院政を初めて本格的に行ったのが白河上皇《しらかわじょうこう》である。

白河天皇はわずか8歳の堀河天皇《ほりかわてんのう》に譲位し、自らは院となって「治天《ちてん》の君《きみ》」と呼ばれた。皇太子が幼いなら自身は天皇の地位のまま政務をとればいいはずだが、白河天皇はなぜあえて退位したのか。

その目的は、長らく権力を握ってきた藤原氏の一族の摂関家《せっかんけ》を政治から切り離すこと。**上皇はあくまで隠居の身なので、既存の政治体系の制約を受けない。その上、本来ならあり得ない「天皇より上の立場」となれるため、強い発言力があった。白河上皇は自ら朝廷の枠組みから外れて摂関家排除を目指したのだ。**

### 院政全盛期の基礎を構築

白河上皇は学業の師である大江匡《おおえのまさ》房《ふさ》や実直な性格の源俊明《みなもとのとしあき》など、摂関家と関係ない人材を登用し、「院の近臣《きんしん》」と呼ばれる家臣団を結成。摂関家の勢力を衰退させた。

この院政チームは第2の朝廷のような存在となり、様々な独自制度を開始する。院御所を警備する北面《ほくめん》の武士《ぶし》（詰所が院御所の北側にあることが名称の由来）を設置、荘園整理《しょうえんせいり》令《れい》で違法荘園を没収するなどして武力と経済力も蓄えた。北面の武士からは平正盛《たいらのまさもり》ら伊勢平氏が力を付け、武士の台頭につながっていく。

白河上皇は出家して法皇《ほうおう》となったのちも影響力を保ち、3代にわたる院政の全盛期を築いた。社会構造の変革を望むなら、既存の枠組みから外れたイノベーションが必要だと示してくれるリーダーである。

**教訓**

**社会を変えるなら組織の構造や構成員も変えなければいけない**

**リーダー**

**白河上皇《しらかわじょうこう》**

**サブリーダー**

**源俊明《みなもとのとしあき》**
**大江匡房《おおえのまさふさ》**

**結成年** 1086年（堀河天皇の即位）

**解散年** 1129年（白河上皇が崩御）

**●チーム紹介**

天皇位を譲って上皇になり、自由と権力を手に入れて摂関家を牽制した、白河上皇と院近臣たち。

# 白河上皇の院政キックオフ

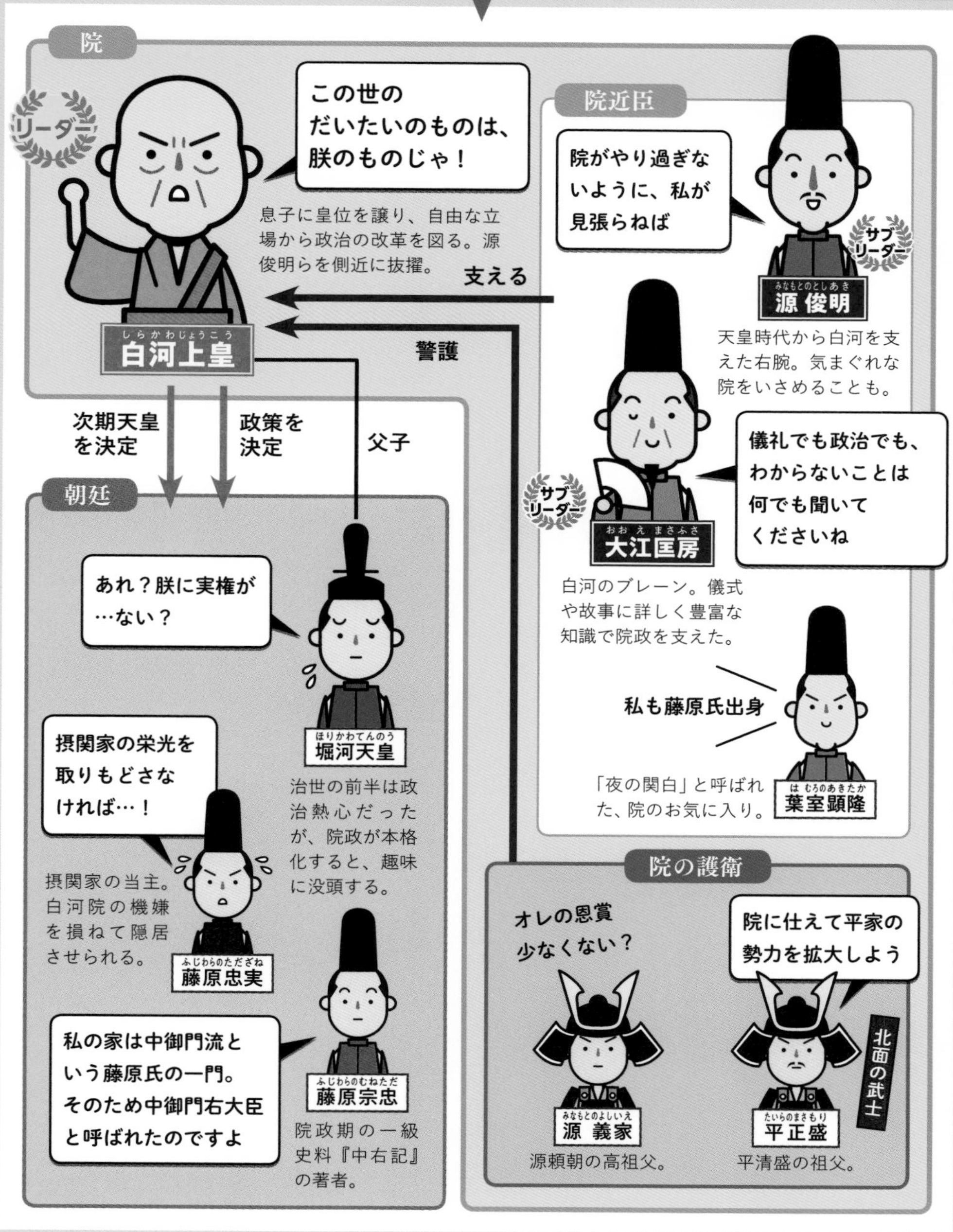

院
リーダー
この世のだいたいのものは、朕のものじゃ！
息子に皇位を譲り、自由な立場から政治の改革を図る。源俊明らを側近に抜擢。
白河上皇《しらかわじょうこう》
院近臣
院がやり過ぎないように、私が見張らねば
サブリーダー
源俊明《みなもとのとしあき》
天皇時代から白河を支えた右腕。気まぐれな院をいさめることも。
支える
警護
儀礼でも政治でも、わからないことは何でも聞いてくださいね
サブリーダー
大江匡房《おおえまさふさ》
白河のブレーン。儀式や故事に詳しく豊富な知識で院政を支えた。
私も藤原氏出身
「夜の関白」と呼ばれた、院のお気に入り。
葉室顕隆《はむろのあきたか》
次期天皇を決定
政策を決定
父子
朝廷
あれ？朕に実権が…ない？
堀河天皇《ほりかわてんのう》
治世の前半は政治熱心だったが、院政が本格化すると、趣味に没頭する。
摂関家の栄光を取りもどさなければ…！
摂関家の当主。白河院の機嫌を損ねて隠居させられる。
藤原忠実《ふじわらのただざね》
私の家は中御門流という藤原氏の一門。そのため中御門右大臣と呼ばれたのですよ
藤原宗忠《ふじわらのむねただ》
院政期の一級史料『中右記』の著者。
院の護衛
オレの恩賞少なくない？
院に仕えて平家の勢力を拡大しよう
北面の武士
源 義家《みなもとのよしいえ》
源頼朝の高祖父。
平正盛《たいらのまさもり》
平清盛の祖父。

第2章

# 武力を背景にのし上がる武士たち

## 平安・鎌倉・南北朝・室町・戦国・安土桃山時代

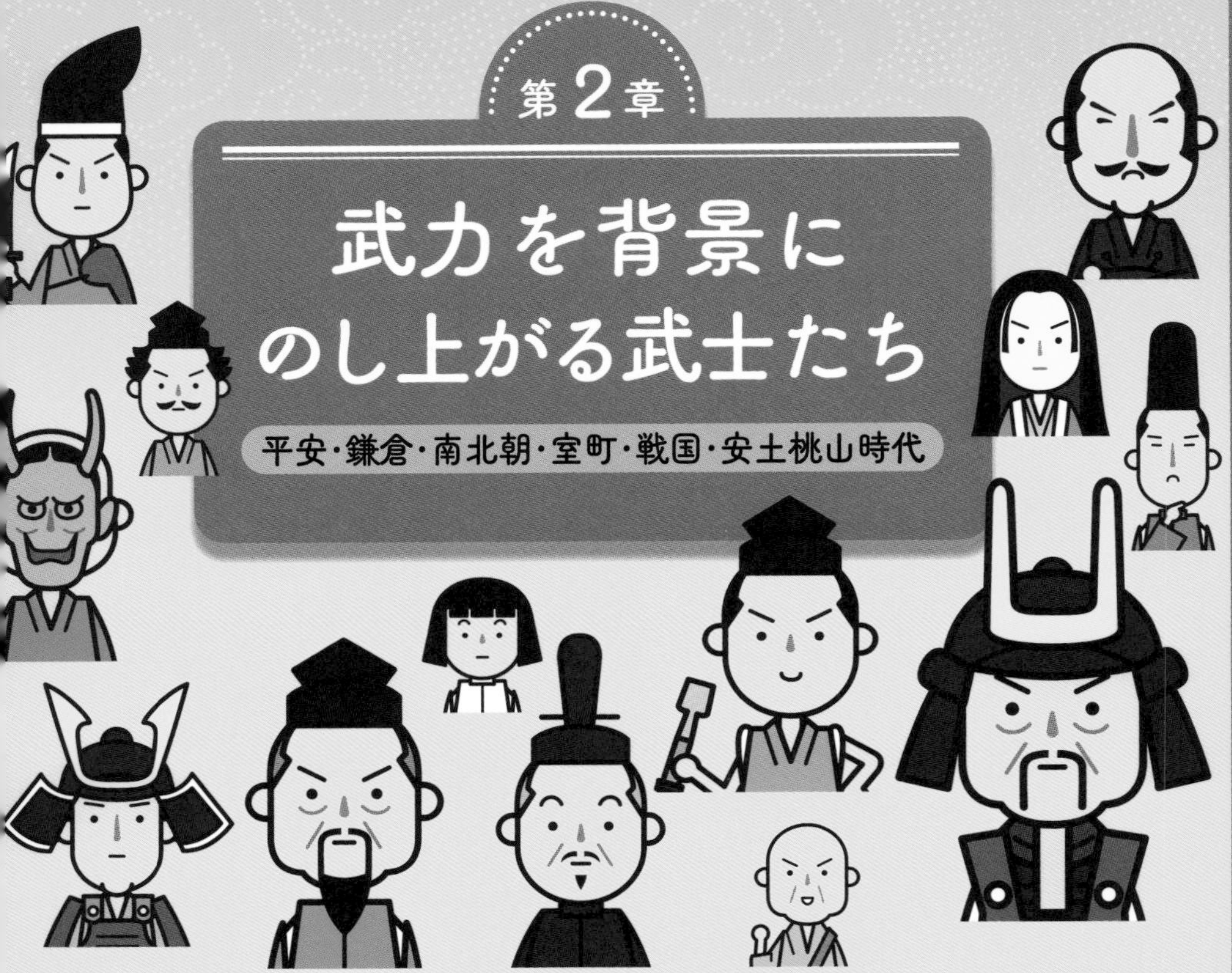

|  |  |  |
|---|---|---|
| 平安時代 | 1159 | 信西（藤原通憲）と平清盛を打倒するため、藤原信頼・源義朝が挙兵（平治の乱）⬇P34 |
| 平安時代 | 1167 | 平清盛が太政大臣に就任する ⬇P34 |
| 平安時代 | 1185 | 壇の浦の戦いで平氏が滅亡する |
| 平安時代 | 1192 | 源頼朝が征夷大将軍に就任 ⬇P38 |
| 鎌倉時代 | 1195 | 東大寺大仏殿が再建される ⬇P42 |
| 鎌倉時代 | 1199 | 源頼家が家督を継ぎ、十三人の合議制が始まる ⬇P40 |
| 鎌倉時代 | 1205 | 北条義時が執権に就任 |
| 鎌倉時代 | 1214 | 親鸞が関東で、浄土真宗の布教を始める ⬇P44 |
| 鎌倉時代 | 1219 | 3代将軍源実朝が、公暁に暗殺される |
| 鎌倉時代 | 1221 | 後鳥羽上皇が北条義時追討の院宣を出し、挙兵（承久の乱） |
| 鎌倉時代 | 1232 | 北条泰時が御成敗式目（貞永式目）を制定 |
| 鎌倉時代 | 1247 | 宝治合戦が起き、三浦泰村が敗れる |
| 鎌倉時代 | 1274 | 元軍が襲来（文永の役）⬇P46 |
| 鎌倉時代 | 1281 | 元軍が再襲来（弘安の役）⬇P46 |
| 鎌倉時代 | 1285 | 内管領の平頼綱と御家人の安達泰盛が対立し、泰盛が敗れる（霜月騒動） |
| 鎌倉時代 | 1293 | 平頼綱が9代執権北条貞時に滅ぼされる（平禅門の乱） |
| 鎌倉時代 | 1333 | 鎌倉幕府が滅亡し、後醍醐天皇が建武の新政を開始する ⬇P50 |

## 主要人物の生没年一覧

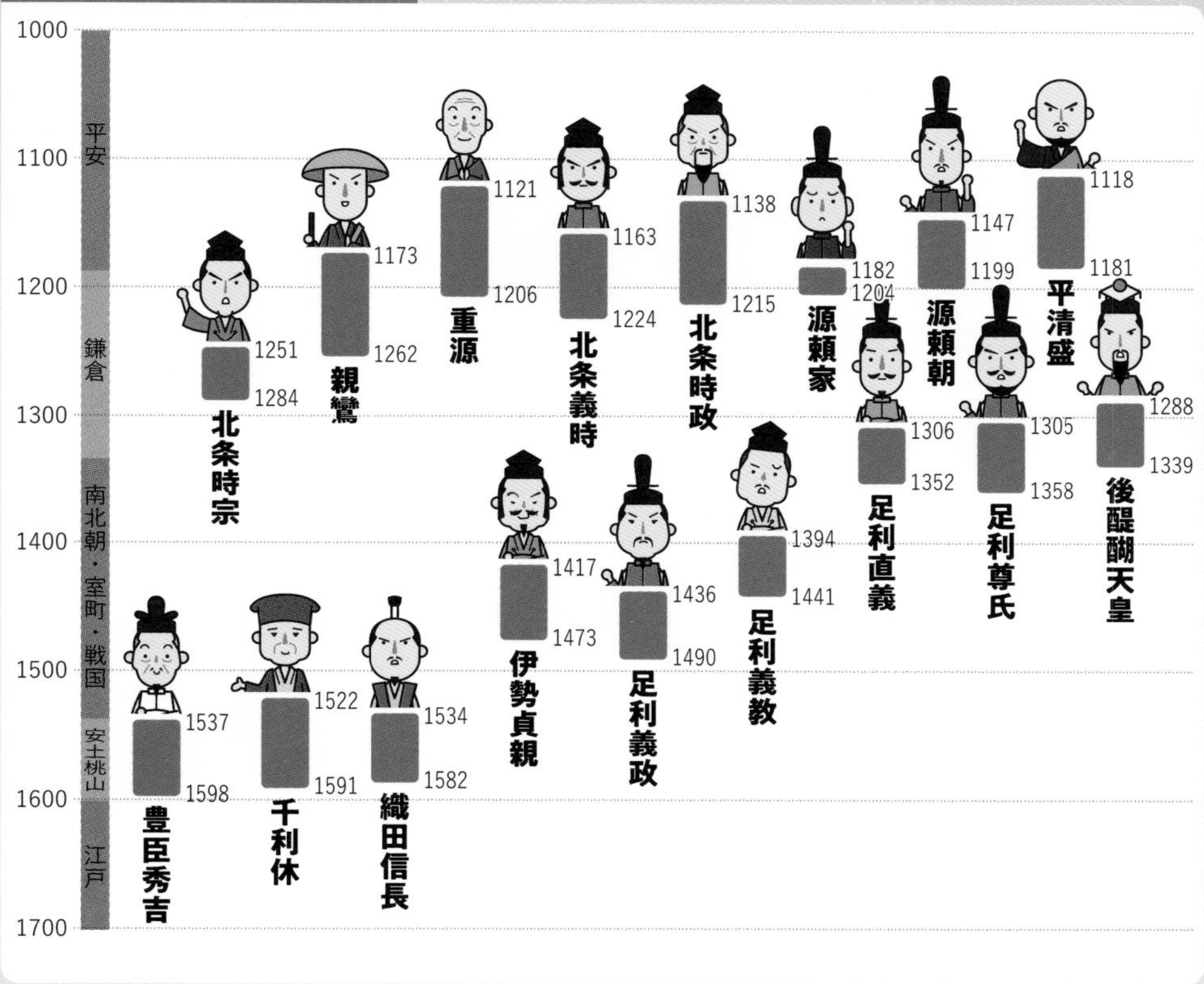


|  |  |  |
|---|---|---|
| 南北朝・室町・戦国時代 | 1336 | **足利尊氏が建武式目を制定** ⬇P52 |
| | 1336 | 後醍醐天皇が吉野に入る（南北朝分裂） |
| | 1350 | **尊氏と直義の争いが起こる（観応の擾乱）** ⬇P52 |
| | 1392 | 3代将軍足利義満が南北朝を合体する |
| | 1416 | 上杉禅秀が鎌倉公方足利持氏に反乱を起こす（上杉禅秀の乱） |
| | 1429 | **6代将軍足利義教が大名意見制を始める** ⬇P54 |
| | 1449 | **足利義政が8代将軍に就任する** ⬇P56 |
| | 1454 | 鎌倉公方足利成氏が関東管領上杉憲忠を謀殺（享徳の乱が始まる） |
| | 1467 | 応仁・文明の乱が始まる |
| | 1488 | 加賀一向一揆が起き、一向宗徒が約100年の自治を得る |
| | 1489 | **東山山荘の観音殿（慈照寺銀閣）が上棟される** ⬇P58 |
| 安土桃山 | 1568 | **織田信長が足利義昭を奉じて上洛する** ⬇P60 |
| | 1582 | **明智光秀が信長を本能寺で討つ（本能寺の変）** ⬇P60 |
| | 1585 | **千宗易が「利休」号を賜り、禁裏茶会で茶を点てる** ⬇P64 |
| | 1590 | 豊臣秀吉が天下を統一する |
| | 1598 | **五大老・五奉行制が設置される** ⬇P66 |
| | 1600 | 関ヶ原の戦いで徳川家康が石田三成に勝利する |

Team No.11

平安時代末期

# 平清盛の平氏ファミリー化計画

## 朝廷や院を利用し武家政権の基礎を築く

リーダー

**平清盛《たいらのきよもり》**

サブリーダー

**信西《しんぜい》**

→**平重盛《たいらのしげもり》**

**平宗盛《たいらのむねもり》**

**結成年** 1156年
（保元の乱終結）

**解散年** 1181年
（平清盛の死去）

●チーム紹介

保元の乱で後白河天皇に接近した清盛は、ライバルの源義朝を排除し、朝廷で出世を重ねていく。

### 武家政権の基盤を築く

日本初の本格的な武家政権は、源《みなもとの》頼朝《よりとも》が開いた鎌倉幕府だが、いきなり武士が頂点に立ったわけではない。源氏のライバル平氏出身の平清《たいらのきよ》盛《もり》が、その基礎を築いたのである。

貴族中心の時代の武士は、貴族の屋敷を守ったり、ボディガードをするなど地位が低かった。しかし、清盛の祖父正盛《まさもり》が上皇《じょうこう》の住居を警備する北面《ほくめん》の武士《ぶし》の一員を務め、さらに父の忠盛《ただもり》が瀬戸内海の海賊を討伐するなど軍事力を評価されて地位が向上。朝廷の信任を得ていく。

こうして清盛が平氏の家督《かとく》を継いだ3年後、朝廷は皇位継承問題を発端として二派に割れ、武力衝突が勃発した。後白河天皇《ごしらかわてんのう》を推す乳母《めのと》の父信西《しんぜい》（藤原通憲《ふじわらのみちのり》）派と、後白河天皇の兄崇徳上皇《すとくじょうこう》を推す左大臣《さだいじん》藤原頼長《ふじわらのよりなが》派による保元《ほうげん》の乱《らん》である。この時、後白河天皇と信西に味方した清盛は、敵対した叔父忠正《ただまさ》らを急襲して破り、天皇を勝利に導いた。

**乱ののち、清盛は後白河天皇に巧みに取り入って、西国の播磨守《はりまのかみ》や大《だ》宰大弐《ざいのだいに》に就任するなど出世を重ねた。**一方で、清盛とともに戦った源義朝《みなもとのよしとも》（頼朝の父）は権力者におもねることを嫌ったため、出世で清盛から大きく後れを取った。そして信西は、乱後に二条天皇《にじょうてんのう》へ譲位した後白河上皇を支える院近臣《いんのきんしん》のトップに立ち、権力を集中していった。

### 源氏を没落させた平治の乱

保元の乱から3年後、信西同様に後白河上皇の寵臣である藤原信頼《ふじわらののぶより》を中心として反信西派が結成され、再び武力衝突が勃発。平治《へいじ》の乱《らん》である。清盛を露骨《ろこつ》に贔屓《ひいき》し、また父為義《ためよし》を保元の乱後に処刑した信西を恨んでいた義朝は、清盛と信西を同時に排除するために信頼と手を組んだ。

反信西派は強力な軍事力と発言力を持つ清盛を危険視し、清盛が熊野神社へ参拝に赴いた隙を突いてクーデターを実行。院御所である三条殿《さんじょうどの》を襲撃して後白河上皇を捕らえ、二

# 平清盛の平氏ファミリー化計画 その壱

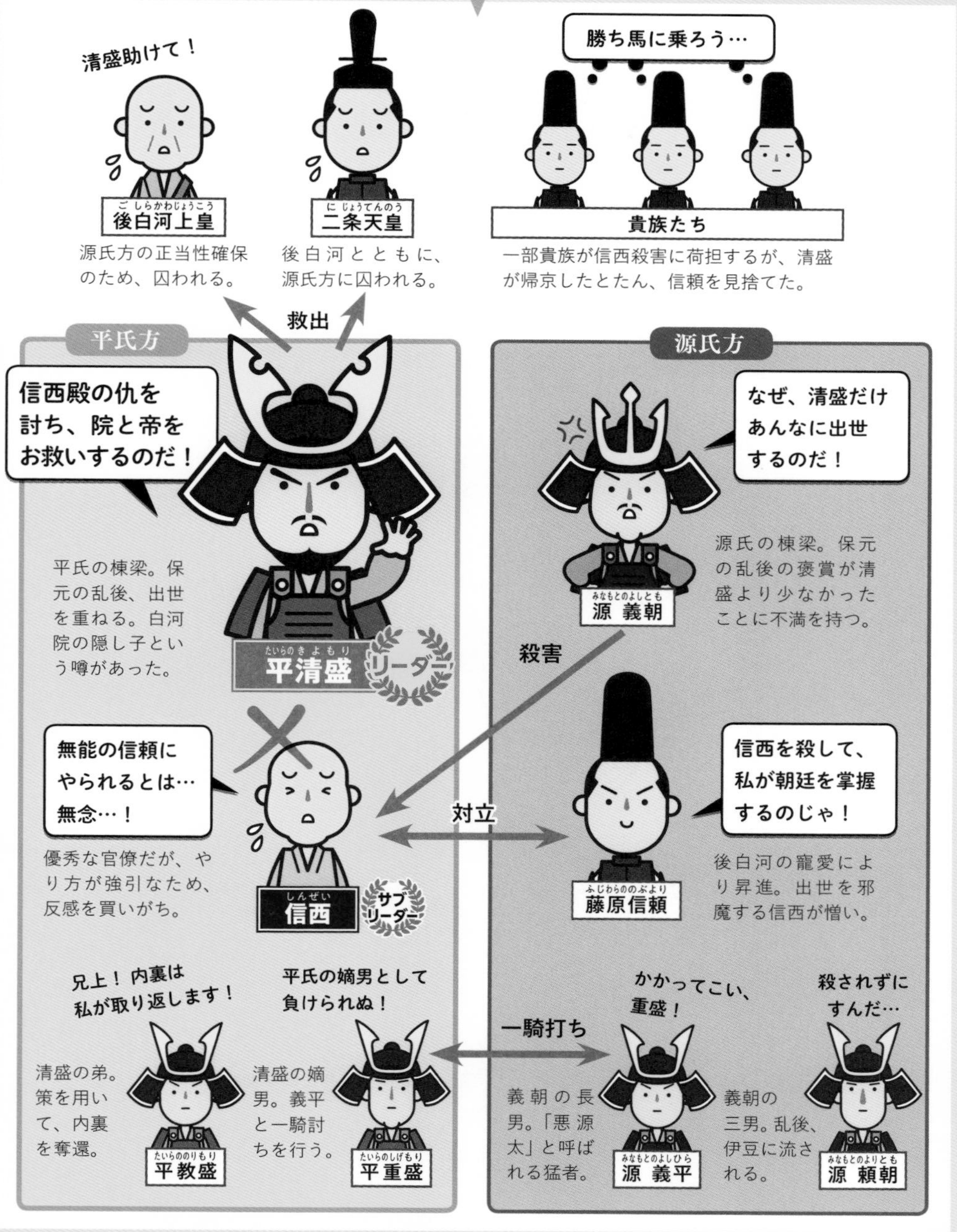
清盛助けて！
後白河上皇《ごしらかわじょうこう》
源氏方の正当性確保のため、囚われる。
二条天皇《にじょうてんのう》
後白河とともに、源氏方に囚われる。
勝ち馬に乗ろう…
貴族たち
一部貴族が信西殺害に荷担するが、清盛が帰京したとたん、信頼を見捨てた。
救出
平氏方
信西殿の仇を討ち、院と帝をお救いするのだ！
平氏の棟梁。保元の乱後、出世を重ねる。白河院の隠し子という噂があった。
平清盛《たいらのきよもり》
リーダー
無能の信頼にやられるとは…無念…！
優秀な官僚だが、やり方が強引なため、反感を買いがち。
信西《しんぜい》
サブリーダー
源氏方
なぜ、清盛だけあんなに出世するのだ！
源氏の棟梁。保元の乱後の褒賞が清盛より少なかったことに不満を持つ。
源 義朝《みなもとのよしとも》
殺害
信西を殺して、私が朝廷を掌握するのじゃ！
対立
後白河の寵愛により昇進。出世を邪魔する信西が憎い。
藤原信頼《ふじわらののぶより》
兄上！ 内裏は私が取り返します！
清盛の弟。策を用いて、内裏を奪還。
平教盛《たいらののりもり》
平氏の嫡男として負けられぬ！
清盛の嫡男。義平と一騎討ちを行う。
平重盛《たいらのしげもり》
一騎打ち
かかってこい、重盛！
義朝の長男。「悪源太」と呼ばれる猛者。
源 義平《みなもとのよしひら》
殺されずにすんだ…
義朝の三男。乱後、伊豆に流される。
源 頼朝《みなもとのよりとも》

条天皇とともに内裏《だいり》に監禁して、新政権樹立を目指した（逃亡した信西は自害）。この騒動を参拝への道中で知った清盛は、帰京して信頼に恭順するふりをしながら上皇と天皇を救出した。清盛と縁戚関係の信頼は、清盛が味方になると期待していたが、思惑どおりにはならなかった。

**二条天皇を自らの屋敷に確保した清盛は、信頼らの追討の命を受け、官軍として合戦に臨む。こうして清盛率いる平氏と義朝率いる源氏が衝突し、内裏を避けて行われた戦闘は六条河原で平氏の勝利に終わった。**

敗走した義朝は道中で家臣に暗殺され、父とともに出陣した頼朝は捕らえられて伊豆に流罪となった。この時まだ14歳だった頼朝に清盛が情けをかけ、死刑を免じたともいわれるが、皮肉にも、のちに平氏は頼朝に滅ぼされることとなる。

## 隆盛を極めた平氏

源氏の没落により、平氏は名実ともに最大の武士勢力となる。清盛は武士出自者で初の公卿《くぎょう》（政権の中枢を担う高官の総称）に就任するなど異例の出世を続け、「後白河上皇の曽祖父白河法皇《しらかわほうおう》の御落胤《ごらくいん》なのでは」という疑惑までささやかれた。

しかし実際は、清盛が後白河上皇と二条天皇の両者を立てて行動した気遣いの結果といえる。この結果、清盛は最高官職の太政大臣《だいじょうだいじん》に就任し、嫡男重盛《しげもり》が左大将、三男宗盛《むねもり》が右大将に就任するなど、武官の最高位を清盛の息子が独占した。さらに、高倉天皇《たかくらてんのう》に清盛の娘徳子《とくこ》が嫁ぎ、男子を生んだことで平氏は絶頂期を迎える。その栄華は、清盛の義弟時忠《ときただ》が「平氏でなければ人ではない」と豪語するほどだった。

しかし、隆盛を極めた平氏は後白河法皇（出家して法皇）や他の院近臣に危険視され、政権内で冷遇されるようになる。そこで清盛はクーデターを決行。**この治承《じしょう》三年の政変で後白河法皇を鳥羽殿《とばどの》に幽閉して院政を停止すると、徳子の子を即位させて安徳天皇《あんとくてんのう》とし、外祖父の立場から実権を握ったのである。**

先進的視点の持ち主だった清盛は、父の代から日宋《にっそう》貿易で富を築いており、圧倒的武力と経済力で武士中心の新政権を築いた。そしてなにより、既存権力に認められる人心掌握力で足元を固めたからこそ、トップにまで上り詰められたのだ。

**教訓**

**出世したいなら既存権力を利用して地位を固めるべし**

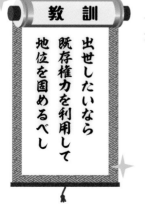

# 平清盛の平氏ファミリー化計画 その弐

平氏一門と平氏派
逆らうものは、院であろうとも許さぬ！
リーダー
平清盛《たいらのきよもり》
武士初の太政大臣となり、権力を振るう。
あぁ、これから平氏はどうなってしまうのだ…
平氏の栄華は…永遠だよね
サブリーダー
平重盛《たいらのしげもり》
清盛の嫡男。父と朝廷の板挟みとなる。
サブリーダー
平宗盛《たいらのむねもり》
清盛の三男。兄の死で清盛の後継者に。
父子
平維盛《たいらのこれもり》
重盛の子。生まれながらの貴族。
平重衡《たいらのしげひら》
清盛の五男。奈良の寺院を焼き討ちする。
平家にあらずんば人にあらず
平時忠《たいらのときただ》
清盛の妻時子の弟。
安徳天皇《あんとくてんのう》
平氏の権力を固めるため、3歳で即位する。
父上は、そろそろ朕に実権を譲っても良いはずだ！
朝廷
平徳子《たいらのとくこ》
清盛の娘。父の命令で、高倉の后になる。
夫婦
高倉天皇《たかくらてんのう》
後白河の子
安徳天皇の父。実権はほぼなかった。
藤原氏です
近衛基通《このえもとみち》
関白になるため、平氏に近づく。
反平氏一派
幽閉
兄妹
平氏を倒して、実権を取りもどすのじゃ！
あなた、どうか清盛様と仲良くして…
打倒平氏の命令を送る
源頼朝《みなもとのよりとも》
東国の武士を糾合して、挙兵。
後白河の子
以仁王《もちひとおう》
平氏討伐の兵を挙げるが惨敗。
後白河法皇《ごしらかわほうおう》
滋子の死後、後白河は清盛を遠ざける。
夫婦
平滋子《たいらのしげこ》
高倉天皇の母。平氏と法皇の間を取り持っていた。
甥の基通に関白を渡してたまるか！
摂関の座をめぐり対立
松殿基房《まつどのもとふさ》
藤原氏出身の後白河派の関白。

Team No.12
鎌倉時代

# 鎌倉幕府創成プロジェクト

## 平氏を倒して打ち立てた本格的な武家政権

### 打倒平氏に立ち上がる頼朝

平氏の栄華に危機感を募らせた以仁王《もちひとおう》（後白河法皇《ごしらかわほうおう》の子）は、全国に打倒平氏の呼びかけを行った。平治《へいじ》の乱《らん》に敗れて伊豆《いず》に流罪となっていた源頼朝《みなもとのよりとも》もこれに呼応。**挙兵に従ってくれた舅の北条時政《ほうじょうときまさ》や義弟の義時《よしとき》らの豪族を「御家人《ごけにん》」として重用し、一方で頼朝挙兵を耳にして参陣した弟範頼《のりより》や義経《よしつね》らを源氏の旗頭として扱った。**

源氏軍は範頼と義経を大将として京方面に攻め上り、第三勢力に成長した、いとこの源《みなもとの》（木曾《きそ》）義仲《よしなか》を討つ。そして平氏を壇《だん》の浦《うら》の戦いで破り、本懐を遂げた。「打倒平氏」という明確な達成目標があったからこそ、源氏軍は一丸となって戦えたのである。

### 将軍と御家人の政権を築く

頼朝は士気上昇のために源氏の血筋を大将に任じたが、同時に子飼いの御家人を目付け役にした。それでも頼朝に反発した義経は、彼をかくまった奥州藤原氏に裏切られ、奥州藤原氏もまた攻め滅ぼされた。

**こうして武士のトップ征夷大将軍《せいいたいしょうぐん》に就任した頼朝は、名実ともに鎌倉幕府を開く。侍所《さむらいどころ》に和田義盛《わだよしもり》、政所《まんどころ》（もと公文所《くもんじょ》）に大江広元《おおえのひろもと》、問注所《もんちゅうじょ》に三善康信《みよしのやすのぶ》を配して新たな政権を構築した。**なお鎌倉には、行政や外交に長けた人材が不足しており、頼朝は京から大江らをスカウトして、その任にあたらせた。鎌倉幕府は「将軍と御家人による政権」という明確な目標と、頼朝の強力なリーダーシップによって堅牢な組織となったのだ。

一方で、将軍の地位を狙うことを危惧された範頼は、謀反の嫌疑で伊豆へ流罪にされた。その6年後に頼朝は急死。源氏を支える身内が失われたことは次代への課題となった。

**教訓**

**組織を立ち上げるには目標を共有することとトップの統率力が重要**

**リーダー**
源頼朝《みなもとのよりとも》

**サブリーダー**
和田義盛《わだよしもり》
大江広元《おおえのひろもと》
三善康信《みよしのやすのぶ》

**結成年** 1180年
（頼朝が鎌倉に大倉御所を建設）

**解散年** 1199年
（頼朝の急死）

**●チーム紹介**
打倒平氏の兵を挙げた頼朝は、優秀な貴族を京から引き抜き、鎌倉の統治体制を整える。

# 鎌倉幕府創成プロジェクト

鎌倉に朝廷の干渉を受けない政権をつくるのだ
夫婦
兄弟
リーダー
源頼朝《みなもとのよりとも》
平氏打倒の兵を挙げ、鎌倉に武士の政権を打ち立てた。
義経…法皇にだまされおって…
法皇様に官位をもらっちゃった！
優しいなぁ～
源義経《みなもとのよしつね》
頼朝の末弟。合戦の天才だが、政治の駆け引きは下手。
頼朝と対立させる
後白河法皇《ごしらかわほうおう》
武士の世を阻むため、暗躍。
義経を操って、頼朝の力を削いでやろう
北条政子《ほうじょうまさこ》
頼朝を支えた正妻。浮気は絶対許さない。
父娘
北条時政《ほうじょうときまさ》
伊豆の平氏一族だったが、頼朝の外戚となり力を付ける。
父子
北条義時《ほうじょうよしとき》
時政の子。頼朝の親衛隊を務めている。
姉弟
公明正大！
サブリーダー
三善康信《みよしのやすのぶ》
土地や借金の訴訟を担う問注所のNo.1。
サブリーダー
大江広元《おおえのひろもと》
政務・財政を担う政所のNo.1。
犯罪は許さん！
サブリーダー
和田義盛《わだよしもり》
軍事・警察を担う侍所のNo.1。
中原親能《なかはらのちかよし》
政務の実行役人（公事奉行人）。対外交渉が得意。
私と三善殿、中原殿は、元々朝廷の貴族でした
梶原景時《かじわらかげとき》
侍所のNo.2。告げ口をよくしたので、嫌われている。
頼朝様！ 畠山が謀反企んでます！
文書発給や裁判を行う
有力御家人
頼朝様以外の命令には従わぬぞ！
あれ、梶原殿がワシの悪口言ってる
鎌倉は義朝様ゆかりの地なのじゃ
千葉常胤《ちばつねたね》
頼朝に父と慕われた豪族。
三浦義澄《みうらよしずみ》
挙兵直後から頼朝に従う。
安達盛長《あだちもりなが》
流人時代からの頼朝側近。
目障りな時政め…！
比企能員《ひきよしかず》
頼朝の乳母比企尼の甥。
畠山重忠《はたけやましげただ》
武蔵の豪族。馬を担げる怪力。

Team No. 13

鎌倉時代

# 源頼家を補佐する十三人の合議制

## 源氏の若様を支えるも権力争いの末に瓦解

### 合議制を採用して政局運営

源頼家《みなもとのよりいえ》のもとで幕府運営を円滑にするために組織された、幕府首脳チームを「十三人の合議制」という。

頼家の父で初代将軍の頼朝《よりとも》は、統治システムを確立せずに急死。**あとを継いだ年若い頼家は、権力を笠に着た独裁的な言動が多かったため、彼を牽制するために重臣たちの合議制が導入されたという。ただし、頼家の決定権は残されていた点から、あくまでも補佐機関だったとの見解もある。**合議制のメンバーは、頼家の外戚である北条時政《ほうじょうときまさ》・義時《よしとき》父子や、古くから頼朝に従う安達盛長《あだちもりなが》など、幕府創業メンバーが選ばれている。

また、幕府の実務を担う大江広元《おおえのひろもと》ら官僚も名を連ねていた。もっとも、13人全員がそろって合議をしたわけではなく、数名ごとに頼家に提案して、採決をあおいだという。

### 権力闘争の末に淘汰される

しかしこの体制を始めてすぐに梶《かじ》原景時《わらかげとき》が他の御家人らの恨みを買って失脚。頼家の生母である政子《まさこ》の実家北条氏と、頼朝・頼家の乳母《めのと》や、頼家の妻の実家である比企氏の権力争いも顕在化した。政争は北条氏が勝ち、比企氏は滅亡。そして頼家は、弟実朝《さねとも》を将軍に据えるため、幽閉ののち暗殺された。そしてこの時、孫の実朝を補佐するため事実上の執権《しっけん》となった時政も、2年後に政子・義時に追放される。

**十三人の合議制が数年で終わったのは、有力御家人たちの意志統一がされていなかった点にあるだろう。**圧倒的なカリスマ性を持つ頼朝が独裁政治を展開し、兄弟を粛清してしまった結果でもある。

次代のことも考えないと、組織はまとまらないのだ。

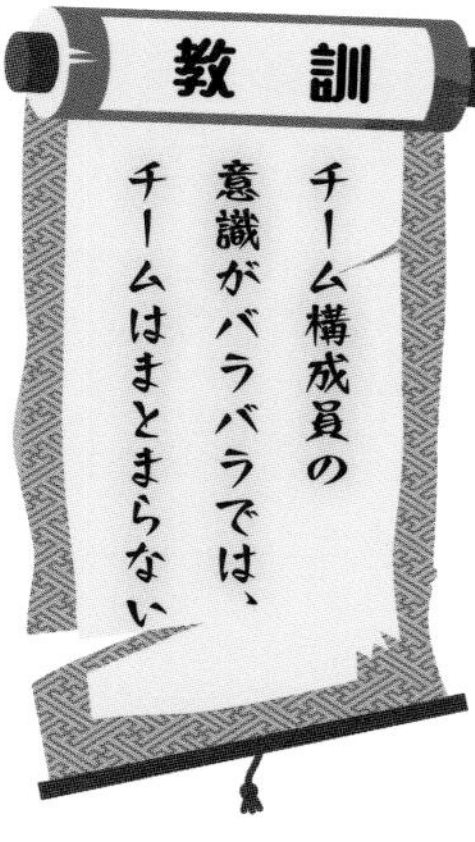
教訓
チーム構成員の意識がバラバラでは、チームはまとまらない

**リーダー**

源頼家《みなもとのよりいえ》

**サブリーダー**

北条時政《ほうじょうときまさ》

北条義時《ほうじょうよしとき》

**結成年** 1199年
（源頼家の家督継承）

**解散年** 1203年
（源実朝の家督継承）

**●チーム紹介**

体制が固まらないまま源頼朝が死去。実力者が頼家を支えるが、権力争いの末、内部崩壊する。

# 源頼家を補佐する十三人の合議制

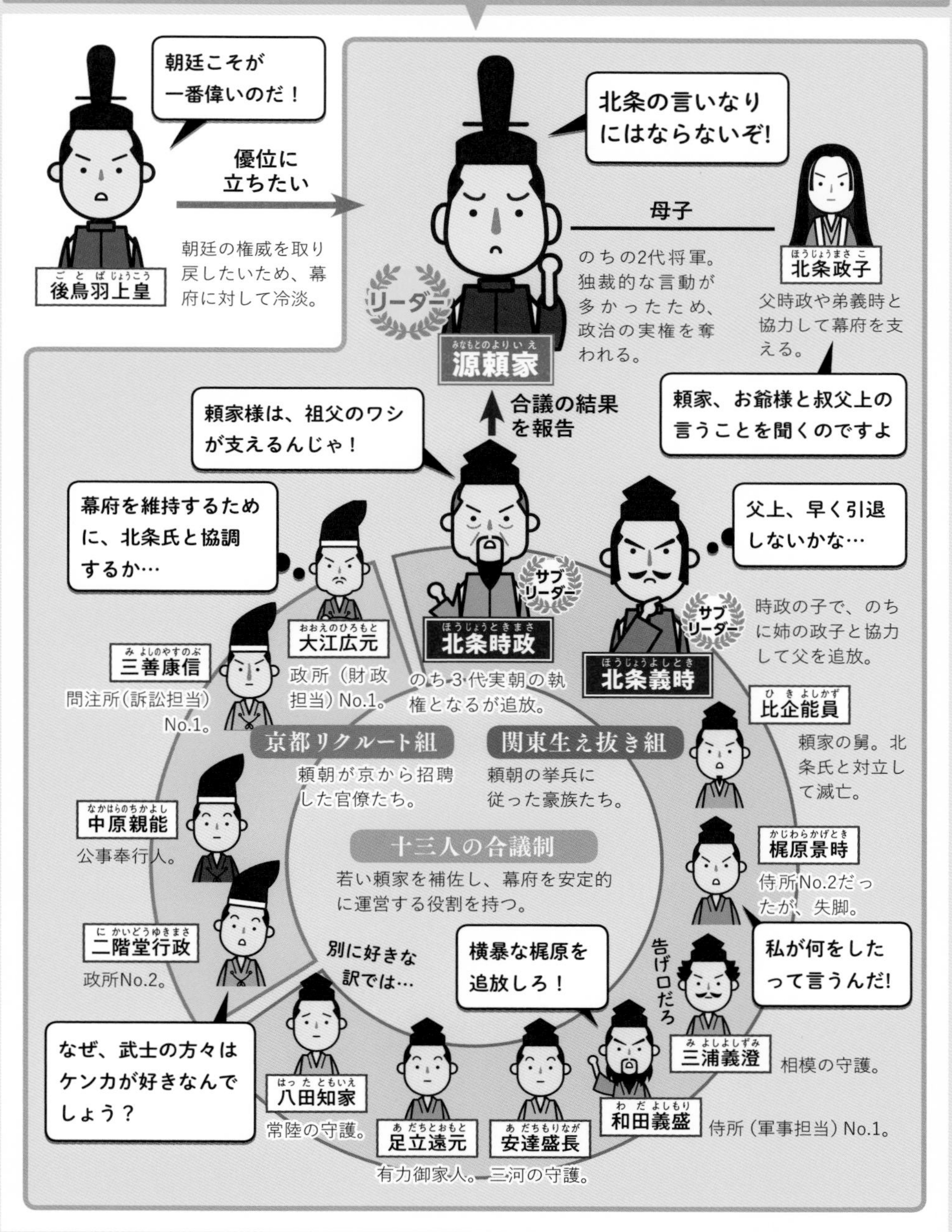
朝廷こそが一番偉いのだ！
後鳥羽上皇《ごとばじょうこう》
優位に立ちたい
朝廷の権威を取り戻したいため、幕府に対して冷淡。
北条の言いなりにはならないぞ!
リーダー
源頼家《みなもとのよりいえ》
のちの2代将軍。独裁的な言動が多かったため、政治の実権を奪われる。
母子
北条政子《ほうじょうまさこ》
父時政や弟義時と協力して幕府を支える。
頼家、お爺様と叔父上の言うことを聞くのですよ
合議の結果を報告
頼家様は、祖父のワシが支えるんじゃ！
サブリーダー
北条時政《ほうじょうときまさ》
のち3代実朝の執権となるが追放。
父上、早く引退しないかな…
サブリーダー
北条義時《ほうじょうよしとき》
時政の子で、のちに姉の政子と協力して父を追放。
幕府を維持するために、北条氏と協調するか…
大江広元《おおえのひろもと》
政所（財政担当）No.1。
三善康信《みよしのやすのぶ》
問注所（訴訟担当）No.1。
京都リクルート組
頼朝が京から招聘した官僚たち。
関東生え抜き組
頼朝の挙兵に従った豪族たち。
比企能員《ひきよしかず》
頼家の舅。北条氏と対立して滅亡。
中原親能《なかはらのちかよし》
公事奉行人。
十三人の合議制
若い頼家を補佐し、幕府を安定的に運営する役割を持つ。
梶原景時《かじわらかげとき》
侍所No.2だったが、失脚。
二階堂行政《にかいどうゆきまさ》
政所No.2。
別に好きな訳では…
横暴な梶原を追放しろ！
告げ口だろ
私が何をしたって言うんだ!
なぜ、武士の方々はケンカが好きなんでしょう？
八田知家《はったともいえ》
常陸の守護。
足立遠元《あだちとおもと》
有力御家人。
安達盛長《あだちもりなが》
三河の守護。
和田義盛《わだよしもり》
侍所（軍事担当）No.1。
三浦義澄《みよしよしずみ》
相模の守護。

Team No.14

鎌倉時代

# 東大寺復興プロジェクト

## 朝廷・幕府一丸となって遂行した復興計画

### 失われた東大寺の再建計画

聖武天皇《しょうむてんのう》が創建した東大寺は、平安時代末期に焼失した。独裁政権を築いた平氏が、反抗的態度を取る東大寺・興福寺など奈良の寺院に焼き討ちを行ったのである。

焼き討ち直後に平氏のリーダー平《たいらの》清盛《きよもり》が熱病で死去すると、世の中は東大寺の仏罰と信じ恐れた。

そこで、**院政を復活させた熱心な仏教徒でもある後白河法皇《ごしらかわほうおう》は、この後に平氏を滅ぼす源氏のリーダー源頼朝《みなもとのよりとも》とともに東大寺再建計画を開始する。このプロジェクトリーダーである東大寺大勧進職《だいかんじんしょく》に抜擢されたのが、僧侶の俊乗房重源《しゅんじょうぼうちょうげん》だ。**重源は3度の渡宋で最新の建築技術を学んでおり、最適の人選だったといえる。

### 10年以上にわたる大事業

源平合戦で国全体が疲弊した状況下の資金確保は難題である。重源は自らも全国を行脚し勧進（寄付）を募った他、僧侶西行《さいぎょう》に、資金力のある奥州藤原氏への勧進を任せることもあった。

さらに、大仏の鋳造や伽藍《がらん》の再建は、宋の技術者陳和卿《ちんなけい》を指揮官に任命。他の仏像は、康慶《こうけい》・運慶《うんけい》親子を中心とする奈良の仏師集団慶派に依頼。康慶の弟子快慶《かいけい》は重源に帰依しており、東大寺以外にも重源ゆかりの仏像を多数制作した。

**このように、重源の知識と人脈を活かしたチームが結成されたのである。**

しかし事業進行中には、再建メンバーから外された東大寺の僧侶らの反発により、陳和卿が降板となる波乱もあった。しかしこれを乗り越え、再建計画は完遂された。長期プロジェクトの成功は、リーダーシップに加え、トラブルを克服する柔軟な対応力も重要だとわかる。

**リーダー**

**俊乗房重源《しゅんじょうぼうちょうげん》**

**サブリーダー**

**陳和卿《ちんなけい》**
**康慶《こうけい》**

**結成年** 1181年
（重源の東大寺大勧進職就任）

**解散年** 1195年
（大仏殿の完成）

**●チーム紹介**

東大寺復興のために重源が招集した、各分野の精鋭を集めたチームと彼らを援助する人々。

**教訓**

**長期的な計画にはリーダーシップと人望柔軟な調整力が必要**

# 東大寺復興プロジェクト

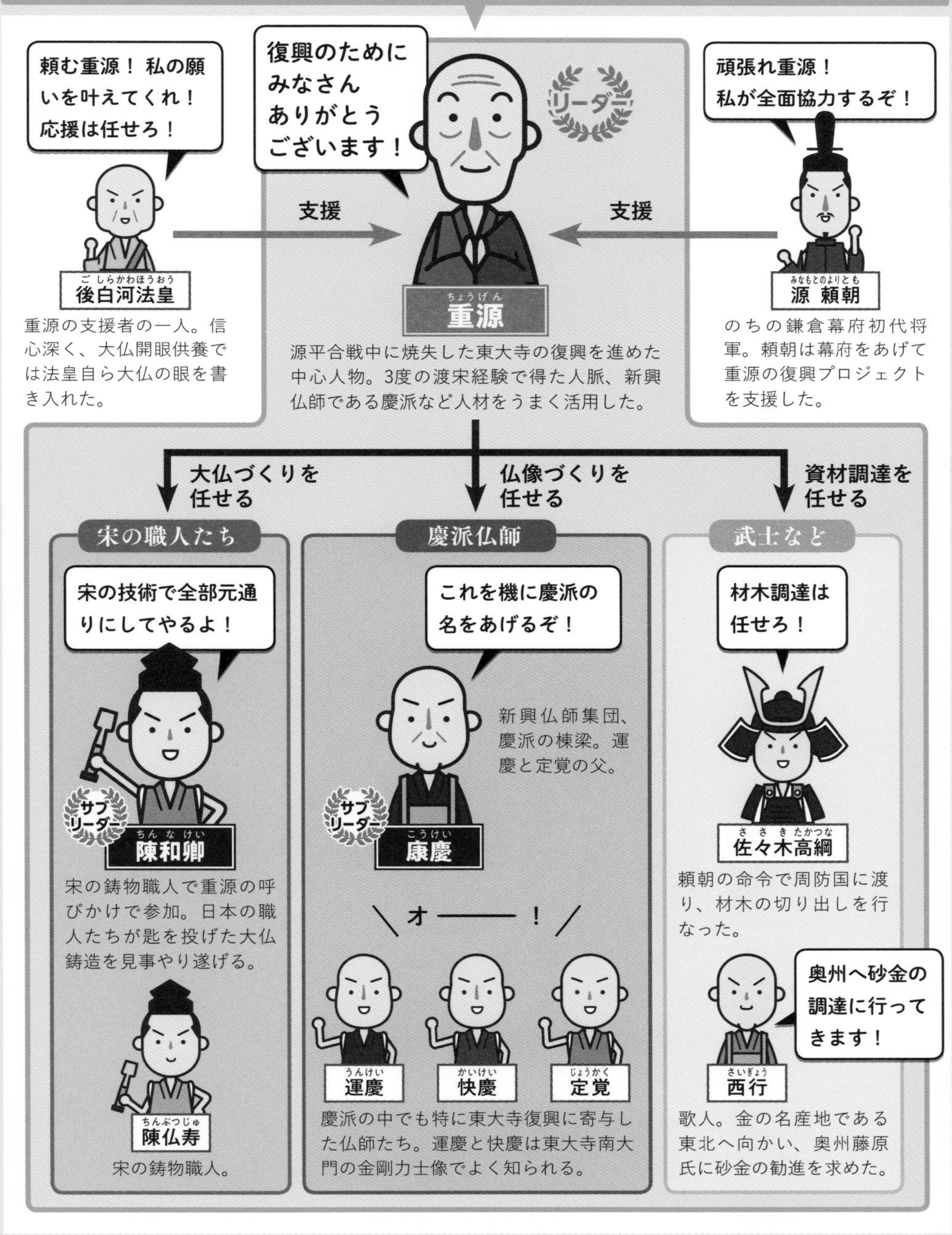

頼む重源！ 私の願いを叶えてくれ！応援は任せろ！
支援
後白河法皇《ごしらかわほうおう》
重源の支援者の一人。信心深く、大仏開眼供養では法皇自ら大仏の眼を書き入れた。
復興のためにみなさんありがとうございます！
リーダー
重源《ちょうげん》
源平合戦中に焼失した東大寺の復興を進めた中心人物。3度の渡宋経験で得た人脈、新興仏師である慶派など人材をうまく活用した。
頑張れ重源！私が全面協力するぞ！
支援
源 頼朝《みなもとのよりとも》
のちの鎌倉幕府初代将軍。頼朝は幕府をあげて重源の復興プロジェクトを支援した。
大仏づくりを任せる
仏像づくりを任せる
資材調達を任せる
宋の職人たち
宋の技術で全部元通りにしてやるよ！
サブリーダー
陳和卿《ちんなけい》
宋の鋳物職人で重源の呼びかけで参加。日本の職人たちが匙を投げた大仏鋳造を見事やり遂げる。
陳仏寿《ちんぶつじゅ》
宋の鋳物職人。
慶派仏師
これを機に慶派の名をあげるぞ！
新興仏師集団、慶派の棟梁。運慶と定覚の父。
サブリーダー
康慶《こうけい》
＼オ――――！／
運慶《うんけい》
快慶《かいけい》
定覚《じょうかく》
慶派の中でも特に東大寺復興に寄与した仏師たち。運慶と快慶は東大寺南大門の金剛力士像でよく知られる。
武士など
材木調達は任せろ！
佐々木高綱《ささきたかつな》
頼朝の命令で周防国に渡り、材木の切り出しを行なった。
奥州へ砂金の調達に行ってきます！
西行《さいぎょう》
歌人。金の名産地である東北へ向かい、奥州藤原氏に砂金の勧進を求めた。

Team No.15
鎌倉時代

# "新規開拓"に望みをかけた親鸞二十四輩

## 親鸞と関東時代の高弟たちで浄土真宗を広める

**リーダー**
親鸞《しんらん》

**サブリーダー**
性信《しょうしん》
真仏《しんぶつ》

**結成年** 1214年
（布教のため関東へ下向）

**解散年** 1235年頃
（親鸞が京へ戻る）

**●チーム紹介**
越後への流罪を解かれた親鸞が関東におもむき、高弟とともに浄土真宗の布教を行った。

### 「わかりやすさ」の重要性

鎌倉時代に開かれ流行した浄土真宗（一向宗）。その教えが民衆に受け入れられた大きな理由は、教義の"わかりやすさ"だった。

**従来の奈良仏教（南都六宗）や平安仏教（天台宗・真言宗）は、厳しい修行や難解な仏典の理解が必須とされたが、浄土真宗は「南無阿弥陀仏」とひたすら唱えるだけで極楽浄土に往生できる「一向専修念仏《せんじゅねんぶつ》」を説いたのだ。**

じつは浄土真宗開祖親鸞《しんらん》自身が、京の比叡山延暦寺で天台宗《てんだいしゅう》を学んでも悟りを開けず、専修念仏を説く浄土宗に感銘を受けて開祖の法然《ほうねん》に師事した経緯がある。しかし浄土宗が流行すると、奈良仏教が敵視して朝廷に禁止を求めた。こうして法然は土佐、親鸞は越後へ流されてしまう。

### 布教の新規開拓に成功

4年後に釈放された親鸞は、越後から常陸に入った。浄土宗がまだ広まっていない関東の布教に注力したのだ。そして20年におよぶ布教期間の間に、自らの教えを『教行信証《きょうぎょうしんしょう》』に記して浄土真宗を開いた。

**親鸞は布教活動の際、「二十四輩《にじゅうよはい》」と呼ばれる24人の高弟とチームを組んで活動した。顔ぶれは、流刑前からの弟子でもっとも信頼している性《しょう》信《しん》、下野国司の子で出家した真仏《しんぶつ》などだ。**二十四輩の出自は、親鸞と同じ公家、神官や異なる宗派、武士出身など様々だった。

現在でも関東各地に二十四輩関連の寺院が数多く残っており、当時の隆盛ぶりがうかがえる。既得権益が渦巻く京を避け、未開拓の関東に狙いを定めたことが成功を導いた。新規開拓は難しい決断だが、宝の山が眠っている可能性は無視できない。

**教訓**

**新規のターゲットを明確に設定してアプローチせよ**

# “新規開拓”に望みをかけた親鸞二十四輩

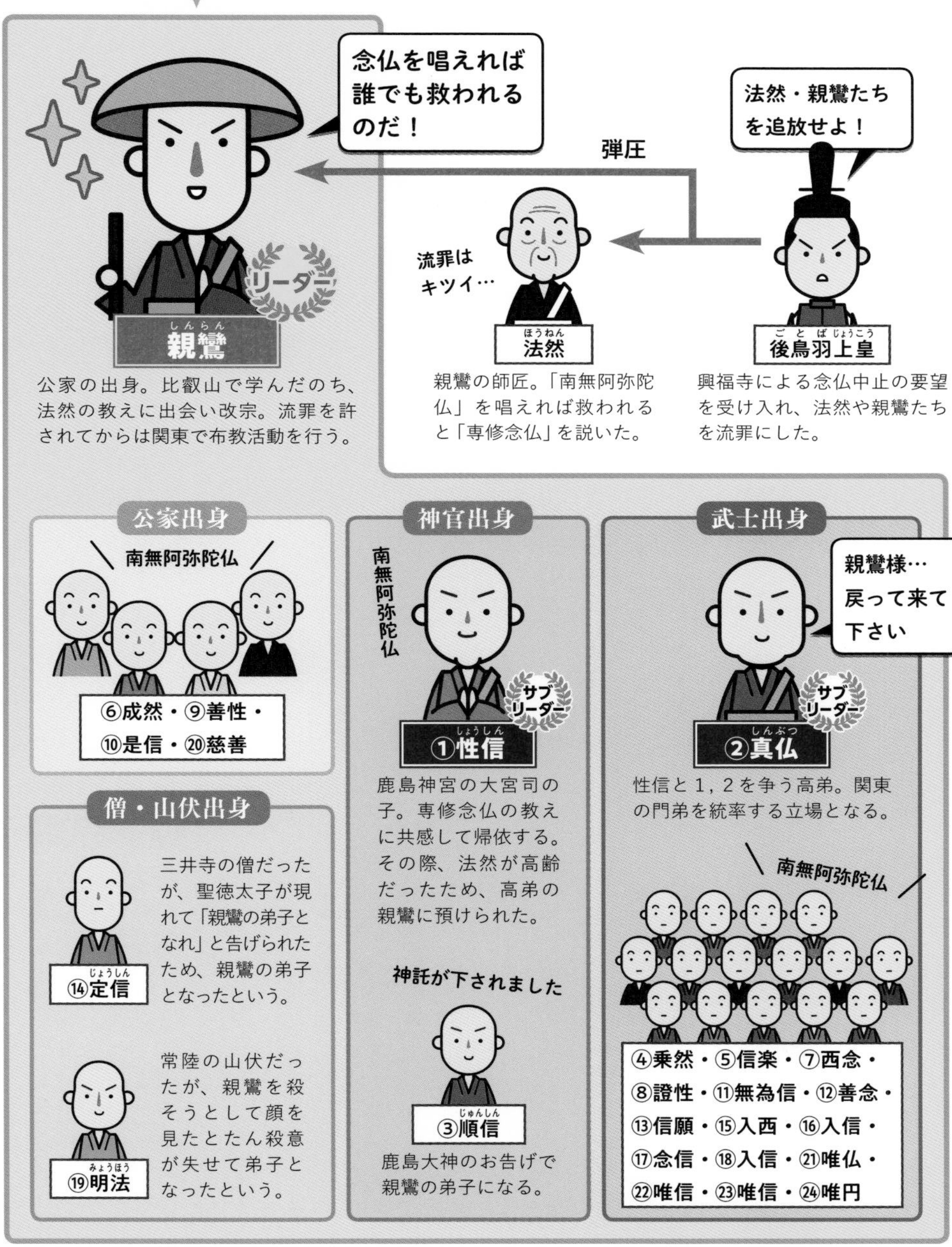

念仏を唱えれば誰でも救われるのだ！
リーダー
親鸞《しんらん》
公家の出身。比叡山で学んだのち、法然の教えに出会い改宗。流罪を許されてからは関東で布教活動を行う。
弾圧
流罪はキツイ…
法然《ほうねん》
親鸞の師匠。「南無阿弥陀仏」を唱えれば救われると「専修念仏」を説いた。
法然・親鸞たちを追放せよ！
後鳥羽上皇《ごとばじょうこう》
興福寺による念仏中止の要望を受け入れ、法然や親鸞たちを流罪にした。
公家出身
南無阿弥陀仏
⑥成然・⑨善性・⑩是信・⑳慈善
僧・山伏出身
⑭定信《じょうしん》
三井寺の僧だったが、聖徳太子が現れて「親鸞の弟子となれ」と告げられたため、親鸞の弟子となったという。
⑲明法《みょうほう》
常陸の山伏だったが、親鸞を殺そうとして顔を見たとたん殺意が失せて弟子となったという。
神官出身
南無阿弥陀仏
サブリーダー
①性信《しょうしん》
鹿島神宮の大宮司の子。専修念仏の教えに共感して帰依する。その際、法然が高齢だったため、高弟の親鸞に預けられた。

神託が下されました
③順信《じゅんしん》
鹿島大神のお告げで親鸞の弟子になる。
武士出身
親鸞様…戻って来て下さい
サブリーダー
②真仏《しんぶつ》
性信と1，2を争う高弟。関東の門弟を統率する立場となる。
南無阿弥陀仏
④乗然・⑤信楽・⑦西念・⑧證性・⑪無為信・⑫善念・⑬信願・⑮入西・⑯入信・⑰念信・⑱入信・㉑唯仏・㉒唯信・㉓唯信・㉔唯円

Team No.16

鎌倉時代

# 対モンゴル防衛軍

## 苦しんだ経験を活かし周到な準備を整え快勝する

**リーダー**

**北条時宗《ほうじょうときむね》**

**サブリーダー**

**少弐経資《しょうにつねすけ》**
**➡北条実政《ほうじょうさねまさ》**
**大友頼泰《おおともよりやす》**
**➡北条宗頼《ほうじょうむねより》**

**結成年** 1271年
（元の侵攻に備える）

**解散年** 1333年
（鎌倉幕府滅亡）

**●チーム紹介**
蒙古襲来という未曾有の事態に、鎌倉幕府が侵攻を阻止するために九州で迎え討った防衛部隊。

### 中世最大の対外戦争

鎌倉幕府の源氏直系将軍の血筋は3代で絶え、こののちは摂関家《せっかんけ》（藤原氏の一族）や皇族から将軍が選ばれた。こうして将軍職は宗全に形骸化し、代わって執権北条氏《しっけんほうじょう》が実権を握る。

日本でこのような勢力変遷が起きていた頃、東アジア地域ではモンゴル民族のフビライ率いる元《げん》が朝鮮半島の高麗《こうらい》を服属させ、中国の南宋《なんそう》を圧迫していた。しかし南宋も大国であり、簡単には落とせない。そこでフビライは、周辺諸国を元の支配下に置いて南宋を包囲しようと考えた。この作戦のターゲットの一つに、南宋と貿易を行ってきた日本があった。

しかし、元もいきなり進軍したわけではない。まず、日本に降伏勧告の国書を送った。すると、受け取った日本はこれを無視。このため元は6度も使者を送るが、すべて無視されるか使者が日本に到着できずに終わった。痺れを切らしたフビライは、南宋攻略の目途が立ったこともあり、ついに日本への進軍を決定する。

この当時の執権が、北条時宗《ほうじょうときむね》である。元から最初の国書が届いた年に、18歳の若さで8代執権となった。時宗は元の降伏勧告を拒否する毅然とした態度を貫いたが、戦闘を想定した国防対策は後手に回った感が否めない。なぜなら、九州の御家人を集めて九州北部の沿岸を警備するよう命じた程度だったからだ。

### 課題を残した文永の役

最後の国書から2年後、元・高麗の船団が博多湾に攻め寄せた。この戦いは当時の元号から文永《ぶんえい》の役《えき》と呼ばれる。元軍を迎え撃つ幕府軍の指揮系統は次のようなものだ。**トップが執権の時宗、その下に九州地方司令官である鎮西奉行《ちんぜいぶぎょう》の少弐経資《しょうにつねすけ》・大友《おおとも》頼泰《よりやす》、さらにその下に現場指揮官である「日の大将」の少弐景資《かげすけ》。シンプルなトップダウン形式の組織構成だった。**

幕府軍は未知の敵を相手に善戦したが、功を焦る御家人も多く、現場をまとめる少弐景資は統率に苦労す

# 対モンゴル防衛軍 文永の役 ver.

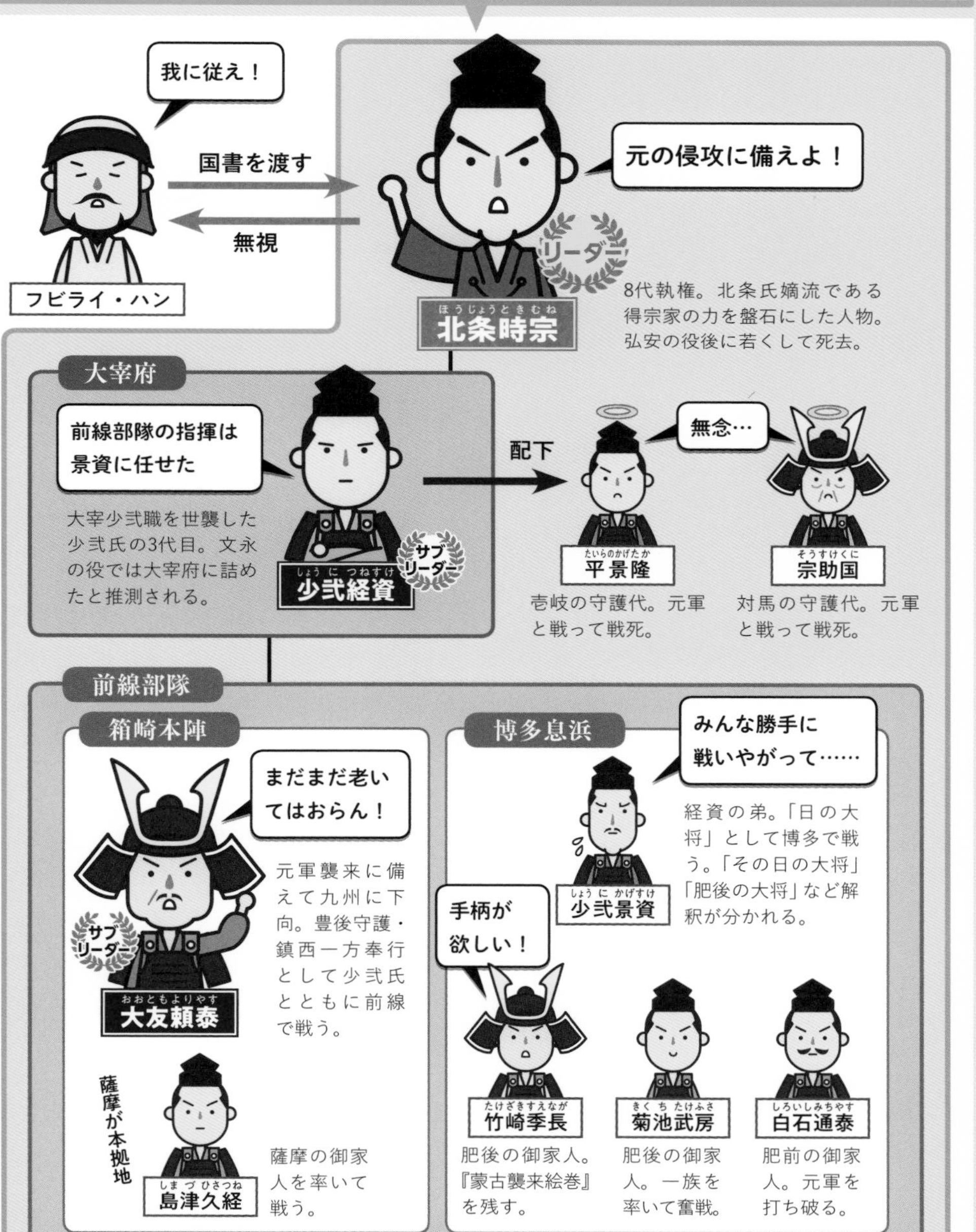

我に従え！
国書を渡す
無視
フビライ・ハン
元の侵攻に備えよ！
リーダー
北条時宗《ほうじょうときむね》
8代執権。北条氏嫡流である得宗家の力を盤石にした人物。弘安の役後に若くして死去。
大宰府
前線部隊の指揮は景資に任せた
大宰少弐職を世襲した少弐氏の3代目。文永の役では大宰府に詰めたと推測される。
サブリーダー
少弐経資《しょうにつねすけ》
配下
無念…
平景隆《たいらのかげたか》
壱岐の守護代。元軍と戦って戦死。
宗助国《そうすけくに》
対馬の守護代。元軍と戦って戦死。
前線部隊
箱崎本陣
まだまだ老いてはおらん！
サブリーダー
大友頼泰《おおともよりやす》
元軍襲来に備えて九州に下向。豊後守護・鎮西一方奉行として少弐氏とともに前線で戦う。
薩摩が本拠地
島津久経《しまづひさつね》
薩摩の御家人を率いて戦う。
博多息浜
みんな勝手に戦いやがって……
少弐景資《しょうにかげすけ》
経資の弟。「日の大将」として博多で戦う。「その日の大将」「肥後の大将」など解釈が分かれる。
手柄が欲しい！
竹崎季長《たけざきすえなが》
肥後の御家人。『蒙古襲来絵巻』を残す。
菊池武房《きくちたけふさ》
肥後の御家人。一族を率いて奮戦。
白石通泰《しろいしみちやす》
肥前の御家人。元軍を打ち破る。

る。局地的には御家人竹崎季長《たけざきすえなが》が奮戦して元軍を撃退した鳥飼潟《とりかいがた》の戦いなど、有利に進んだ戦闘もあるが、全体像は敗色濃厚だった。なお、歴史の教科書でよく見られる「蒙古襲来《もうこしゅうらい》絵巻《えまき》」には鳥飼潟の戦いが描かれている。元軍は爆弾のような武器「てつはう」を使用して幕府軍を苦しめた。

ところが、元軍は最終的に撤退を決める。理由は内紛など諸説あるが、一説では景資の放った矢が元軍指揮官の一人の劉復亨《りゅうふくこう》を射抜いたためといわれる。さらに元軍は退却の際に暴風雨に巻き込まれ、多くの船が破損したり沈んだりしたという。

## 教訓を活かした弘安の役

かろうじて国土を守り抜いた幕府軍だが、対策の甘さを思い知らされる結果となった。そして時宗は、元が一度限りの襲来であきらめるはずがないこともわかっていた。

時宗は元の**再襲来に備え、九州北部沿岸の警備役を異国警固番役《いこくけいごばんやく》として制度化し、敵軍の上陸を阻むための防塁（石塁《せきるい》・石築地《いしついじ》）を約20kmにわたって構築する。さらに、中国地方にも長門警固番役《ながとけいごばんやく》を置いた。**

この頃、日本には南宋を攻撃中のフビライから7度目の降伏勧告が届くが、時宗はその使者を処刑した。そして、元が南宋を滅ぼしたのちに派遣した8度目の使者も処刑されると、元軍が再び日本に攻め寄せる。弘安《こうあん》の役《えき》の開戦である。

今回の幕府軍は、文永の役での兵力動員が不十分だった反省から、短期間で兵を動員できる体制を整え、元軍が、九州以外に山陰地方にも攻め寄せた場合に備え、九州・中国・関東地方などから多くの兵力を動員できる体制を整えていた。**さらに御家人をより強固に統率するために北条氏の一門をトップに据え、九州方面は一門の北条実政《ほうじょうさねまさ》を、中国方面は、時宗の弟宗頼《むねより》を配置して防備を固めた。**なお、宗頼は弘安の役の前に死去し、家督は兼時《かねとき》が継いでいる。

これらの対策が奏功し、4万の東路軍（元・高麗）は九州に上陸できず、近隣の島部で両軍が衝突する。そして、10万の江南軍（南宋）が到着したタイミングで九州を大型台風が直撃した。この「神風」で元軍は壊滅的ダメージを受け、撤退した。

強敵が相手でも、失敗の教訓を活かした対策を怠らなければ勝利は可能なのだ。

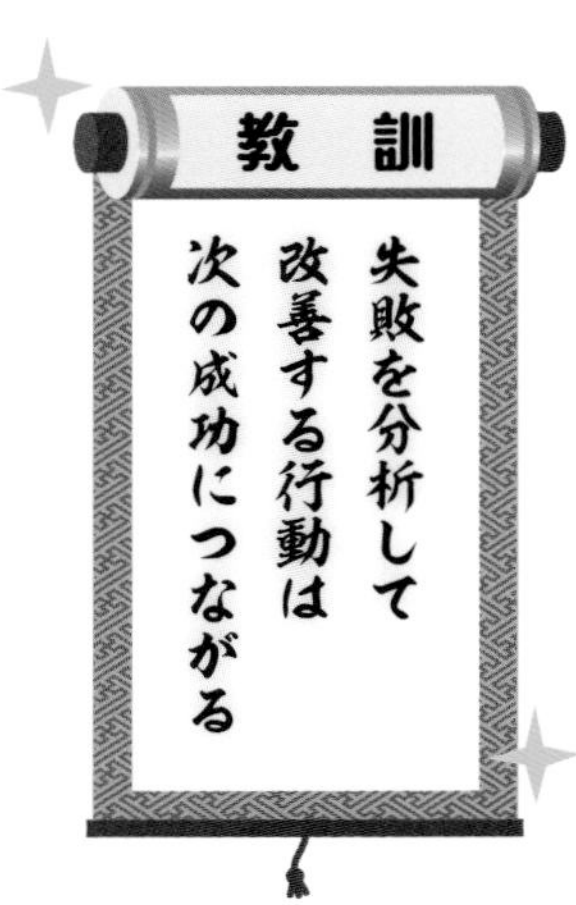
教訓
失敗を分析して
改善する行動は
次の成功につながる

# 対モンゴル防衛軍 弘安の役 ver.

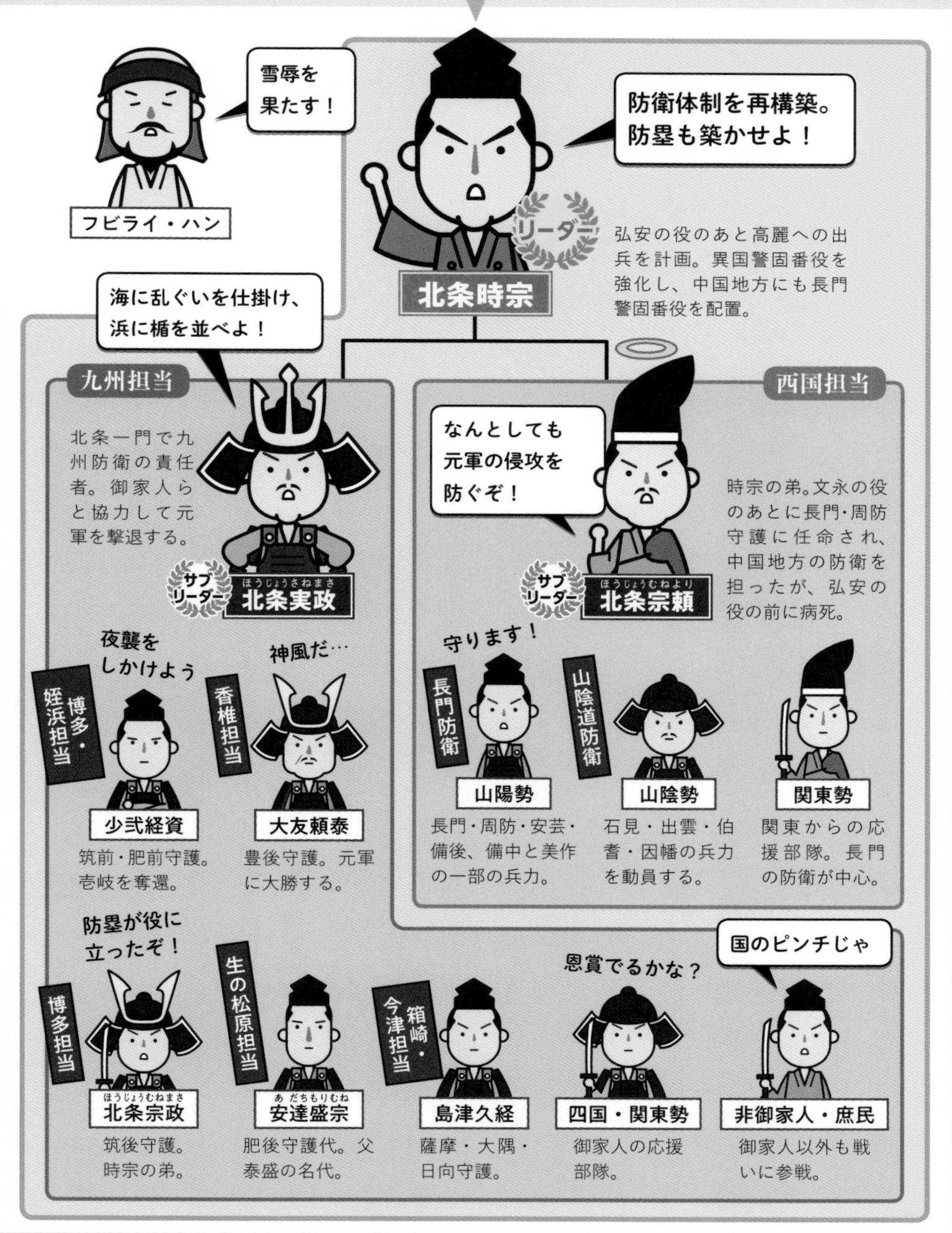

雪辱を果たす！
フビライ・ハン
防衛体制を再構築。防塁も築かせよ！
リーダー
北条時宗
弘安の役のあと高麗への出兵を計画。異国警固番役を強化し、中国地方にも長門警固番役を配置。
海に乱ぐいを仕掛け、浜に楯を並べよ！
九州担当
北条一門で九州防衛の責任者。御家人らと協力して元軍を撃退する。
サブリーダー
北条実政《ほうじょうさねまさ》
西国担当
なんとしても元軍の侵攻を防ぐぞ！
時宗の弟。文永の役のあとに長門・周防守護に任命され、中国地方の防衛を担ったが、弘安の役の前に病死。
サブリーダー
北条宗頼《ほうじょうむねより》
夜襲をしかけよう
博多・姪浜担当
少弐経資
筑前・肥前守護。壱岐を奪還。
神風だ…
香椎担当
大友頼泰
豊後守護。元軍に大勝する。
守ります！
長門防衛
山陽勢
長門・周防・安芸・備後、備中と美作の一部の兵力。
山陰道防衛
山陰勢
石見・出雲・伯耆・因幡の兵力を動員する。
関東勢
関東からの応援部隊。長門の防衛が中心。
防塁が役に立ったぞ！
博多担当
北条宗政《ほうじょうむねまさ》
筑後守護。時宗の弟。
生の松原担当
安達盛宗《あだちもりむね》
肥後守護代。父泰盛の名代。
箱崎・今津担当
島津久経
薩摩・大隅・日向守護。
恩賞でるかな？
四国・関東勢
御家人の応援部隊。
国のピンチじゃ
非御家人・庶民
御家人以外も戦いに参戦。


※チームの図は、文永の役のあとに幕府が、元軍の再襲来に備えて整えた体制。

Team No.17

南北朝時代

# 天皇ファーストを掲げた建武の新政

## 鎌倉幕府を滅ぼし天皇中心の新しい政治を目指す

### 打倒幕府に燃えた天皇

並立する天皇の血統である持明院《じみょういん》統と大覚寺《だいかくじ》統は皇位をめぐって争い、鎌倉幕府がたびたび調停していた。その結果として、両統が交代で皇位につくことようになった。しかし、**「自分の系統こそ正統」と考える大覚寺統の後醍醐天皇は、自分の息子を皇位につけられないことに不満を抱き、打倒幕府を志す。**

これが露見して幕府が軍を送り込むと、後醍醐天皇は息子の護良親王《もりよししんのう》や武士の楠木正成《くすのきまさしげ》らとともに応戦。一度は失敗するものの、再び挙兵すると、幕府方の足利尊氏《あしかがたかうじ》や新田義貞《にったよしさだ》が寝返り、幕府を倒すことができた。

### 建武の新政に乗り出すが…

幕府に勝利した後醍醐天皇は、念願の新体制となる「建武《けんむ》の新政」をスタートさせた。

護良親王を征夷大将軍《せいいたいしょうぐん》に任命するなど、自らの皇子を優遇。重要な役職には貴族ばかりが任命され、武士は楠木正成や新田義貞ら、天皇と親しいものだけが出世した。

また地方の抑えとして陸奥将軍府や鎌倉将軍府を設置して皇子たちを派遣するが、結局は鎌倉幕府に仕えていた武士がいなければ実務を行うことができず、彼らの力に頼るしかなかった。

**その上、これまでの慣例や既得権益を撤廃したため、武士たちから不満が噴出。さらに、天皇がすべてを決断するという理想論を実行して職務がパンクし、訴訟専門機関の雑訴《ざっそ》決断所《けつだんしょ》が設置されるも、やがて廃絶。**

性急すぎる建武の新政は3年もたずに崩壊し、失望した尊氏が離反して政権は崩壊。南北朝成立へとつながる。理想は大事だが、それに捉われて迷走すると味方を失うのだ。

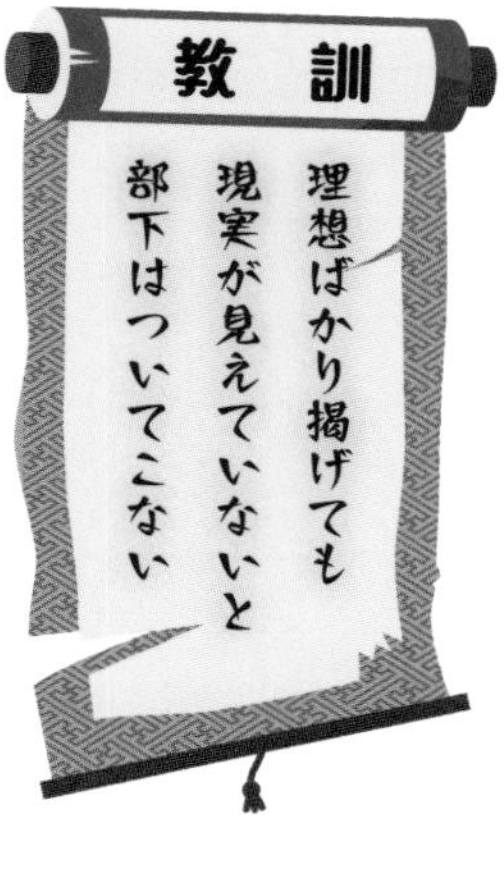

教訓
理想ばかり掲げても
現実が見えていないと
部下はついてこない


**リーダー**

後醍醐天皇《ごだいごてんのう》

**サブリーダー**

護良親王《もりよししんのう》
北畠顕家《きたばたけあきいえ》

結成年 1333年
（鎌倉幕府の滅亡）

解散年 1336年
（建武の新政が崩壊）

●チーム紹介

武士の協力で討幕に成功。後醍醐天皇が信用する貴族と一部の武士で構成された新政府。

# 天皇ファーストを掲げた建武の新政

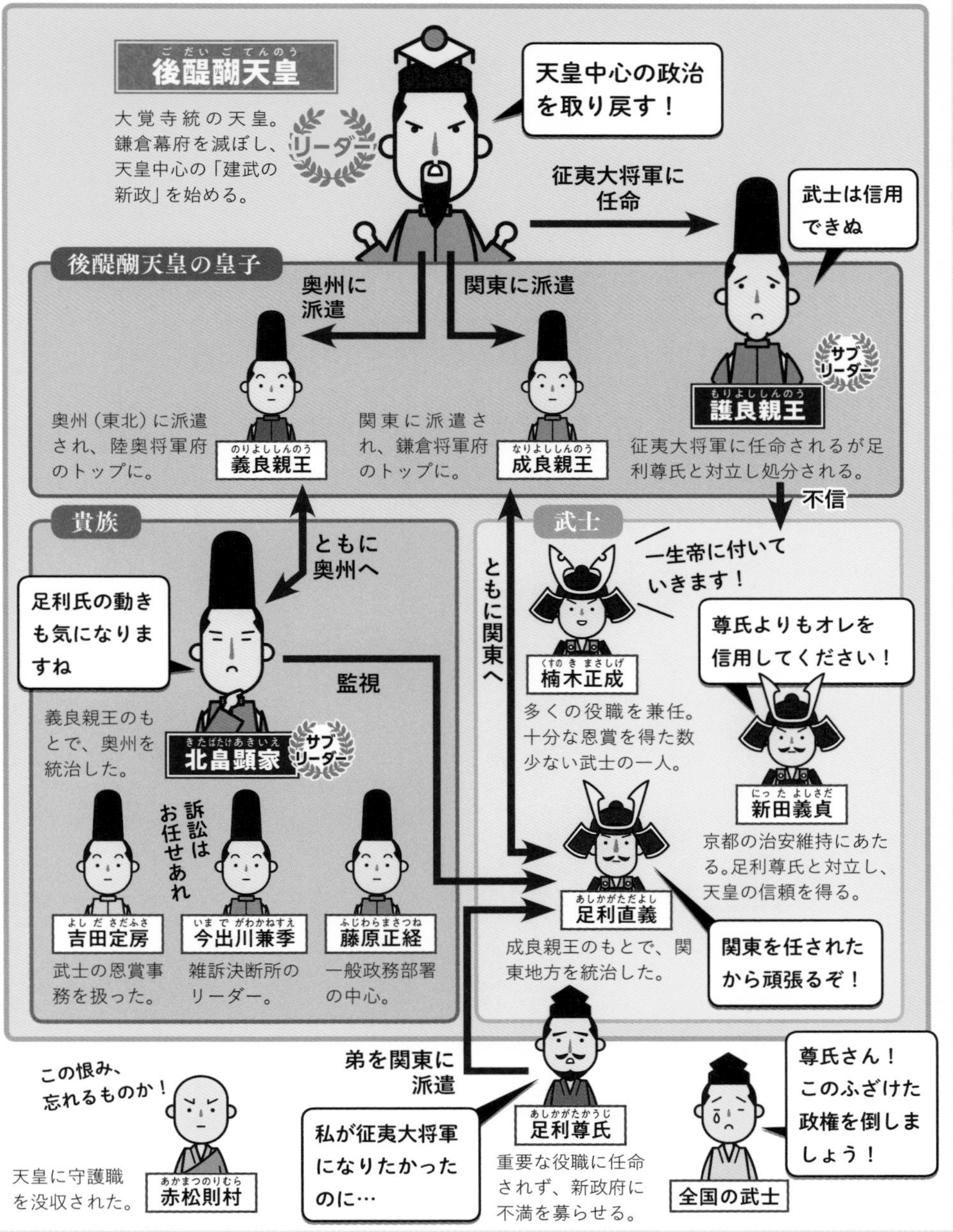
後醍醐天皇《ごだいごてんのう》
大覚寺統の天皇。鎌倉幕府を滅ぼし、天皇中心の「建武の新政」を始める。
リーダー
天皇中心の政治を取り戻す！
征夷大将軍に任命
武士は信用できぬ
サブリーダー
護良親王《もりよししんのう》
征夷大将軍に任命されるが足利尊氏と対立し処分される。
後醍醐天皇の皇子
奥州に派遣
関東に派遣
奥州（東北）に派遣され、陸奥将軍府のトップに。
義良親王《のりよししんのう》
関東に派遣され、鎌倉将軍府のトップに。
成良親王《なりよししんのう》
不信
貴族
ともに奥州へ
足利氏の動きも気になりますね
監視
義良親王のもとで、奥州を統治した。
北畠顕家《きたばたけあきいえ》
サブリーダー
訴訟はお任せあれ
吉田定房《よしださだふさ》
武士の恩賞事務を扱った。
今出川兼季《いまでがわかねすえ》
雑訴決断所のリーダー。
藤原正経《ふじわらまさつね》
一般政務部署の中心。
武士
ともに関東へ
一生帝に付いていきます！
楠木正成《くすのきまさしげ》
多くの役職を兼任。十分な恩賞を得た数少ない武士の一人。
尊氏よりもオレを信用してください！
新田義貞《にったよしさだ》
京都の治安維持にあたる。足利尊氏と対立し、天皇の信頼を得る。
足利直義《あしかがただよし》
成良親王のもとで、関東地方を統治した。
関東を任されたから頑張るぞ！
弟を関東に派遣
この恨み、忘れるものか！
天皇に守護職を没収された。
赤松則村《あかまつのりむら》
私が征夷大将軍になりたかったのに…
足利尊氏《あしかがたかうじ》
重要な役職に任命されず、新政府に不満を募らせる。
尊氏さん！このふざけた政権を倒しましょう！
全国の武士

Team No.18

南北朝時代

# 足利尊氏と直義の二頭政治

## 兄弟で室町幕府を開くが派閥争いで真っ二つに

### 兄弟で分担運営した室町幕府

日本の南北朝時代とは、京の光明《こうみょう》天皇《てんのう》による北朝と、吉野の後醍醐《ごだいご》天《てん》皇《のう》による南朝が並立した時代である。足利尊氏《あしかがたかうじ》が建武式目《けんむしきもく》を制定し、のちに征夷大将軍《せいいたいしょうぐん》に任じられて開いた幕府を、室町幕府（当時は足利幕府）という。

**軍事は得意だが事務が苦手な尊氏は、理知的な弟の直義《ただよし》に政務を任せ、最初期の室町幕府は二頭政治形態を取った。**尊氏は、秘書的ポジションの執事《しつじ》を担《にな》う高師直《こうのもろなお》に恩賞に関することを任せ、師直の弟（または兄）の師泰には警察的部署の侍所《さむらいどころ》を任せた。そして直義には所領の法的確認や統治、裁判に関することを任せた。尊氏と直義の兄弟仲は良好で、二頭政治は滞りなく運営されたが、やがて二人の間に亀裂が生じる。

### 派閥の対立が深刻化

亀裂の原因は師直だった。**粗暴な言動が目立つようになってきた師直が直義と不仲になり、両派閥の武力抗争に発展したのだ。これを「観応《かんのう》の擾乱《じょうらん》」という。**いったんは師直が敗れ、その護送中に直義派に師直が暗殺されたことで争いは終結する。しかし、その後も直義派と反直義派の対立が水面下で続いていた。

ついに直義は、軋轢《あつれき》に耐えかねて政務から降り、鎌倉を拠点にした。尊氏は政務を子の義詮《よしあきら》に任せ直義を討つことを決意する。そこで尊氏は直義に味方していた南朝と和睦。直義を孤立させて降伏に追い込み、この直後に直義は不審死（一説では尊氏による毒殺）を遂げ、「観応の擾乱」はすべて終結した。

優秀なナンバー2は心強いが、権限を与えすぎると災いにもなる。部下の管理もトップの重要な仕事だ。

**教訓**

ナンバー2の権限を調整するのもリーダーの役割

**リーダー**

**足利尊氏《あしかがたかうじ》**

**足利直義《あしかがただよし》**

**サブリーダー**

**高師直《こうのもろなお》**

**結成年** 1336年（尊氏が建武式目を制定）

**解散年** 1352年（直義の死去）

**●チーム紹介**

兄弟で鎌倉幕府を倒し、後醍醐天皇も退けて室町幕府を開くが、やがて弟と対立する。

# 足利尊氏と直義の二頭政治

尊氏（軍事・恩賞・財政）
直義（行政・統治）
足利兄弟
直義の得意なことをやってもらおう！
リーダー
兄者は幕府のシンボルです
二頭政治
征夷大将軍。軍事指揮権と恩賞を担当。やがて軍事も直義に移管する。
足利尊氏《あしかがたかうじ》
足利直義《あしかがただよし》
実質的には、政務・軍事全般を代行する。のちに師直と対立。
高兄弟
兄弟で尊氏様を補佐する！
対立
尊氏の執事。恩賞方も兼務していたとされ、多くの業務をとり行った。
サブリーダー
高師直《こうのもろなお》
土地の訴訟多いなぁ
禅津方《ぜんりつかた》
禅宗寺院の訴訟を担当。
引付方《ひきつけかた》
所領の訴訟を担当。
安堵方《あんどかた》
所領安堵を承認する役目。
バサラ大名
佐々木道誉《ささきどうよ》
尊氏に従った武将。政所執事。
兄弟でガンバろう
高師泰《こうのもろやす》
尊氏兄弟の義理の叔父。侍所の頭人。
文書管理が主です
問注所《もんちゅうじょ》
記録文書を管理する。
大納言、従四位下、〇〇守
官途奉行《かんとぶぎょう》
叙位任官を管理。
擁立
北朝
南朝
対立
光明天皇の即位で北朝が成立。
光明天皇《こうみょうてんのう》
吉野に南朝を開く。
後醍醐天皇《ごだいごてんのう》
私が正統だ！
後村上天皇《ごむらかみてんのう》
父の後醍醐天皇の遺志を継ぎ、南朝勢力の回復に奔走。

Team No. 19

室町時代

# 足利義教の大名意見制チーム

## 将軍主導のもと重臣に意見を募り政治を行う

### 将軍の権力強化を目指す

室町幕府6代将軍足利義教《あしかがよしのり》は、父で3代将軍の義満《よしみつ》を尊敬していた。そこで自らが将軍に就任した時、父の時代を理想に掲げ、将軍と幕府の権威強化に努めたのだ。

その一環として実施した政策が、兄で4代将軍の義持《よしもち》時代の重臣会議《じゅうしんかいぎ》を独自に発展させた大名意見制《だいみょういけんせい》である。**義持時代には将軍の補佐役である管領《かんれい》を中心に重臣が会議を行い、その結果を参謀格の僧満済《まんさい》らが将軍に伝えていた。しかし義教時代になると、将軍が重臣である大名を個別に呼び出し、意見を聞く形式に変わった。**ただし、この制度は重臣たちの意見を平等に傾聴《けいちょう》して平等に採用するものではない。義教の意見は方向性が決まっており、重臣の意見をその補完や参考に使ったのだ。あくまでも将軍主導を徹底していた。

### 当初の穏便な政治から一転する

大名意見制チームの中心メンバーは大きく二つに分けられた。〝三人意見〟は、斯波義淳《しばよしあつ》ら三人に、幕府における重要な決定を諮問《しもん》。広く意見を求める場合には、赤松満祐《あかまつみつすけ》や細《ほそ》川満久《かわみつひさ》など七人に意見を求めたことから〝七人意見〟と呼ばれた。満済は意見の良し悪しを精査しながら、義教に伝えていた。

**義教は将軍の権威を示すためにしばしば強硬手段を取ろうとしたが、メンバーが穏便な解決を求めたためバランスのとれた政治が行われた。**しかし満済を始め中心メンバーが死去すると、義教の独裁的な恐怖政治が始まる。この結果、義教はチームメンバーである赤松満祐に暗殺されてしまった。

諫言《かんげん》は耳に痛いが、それがどれほど重要かよくわかる顛末《てんまつ》である。

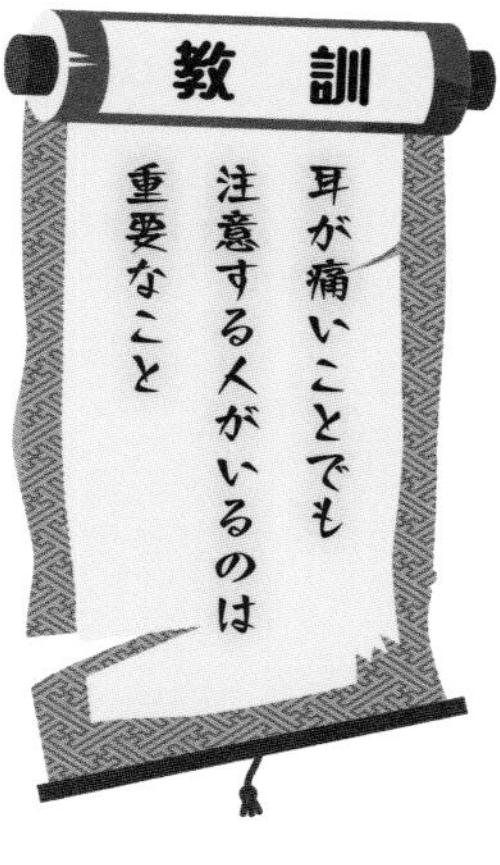
教訓
耳が痛いことでも
注意する人がいるのは
重要なこと

**リーダー**

足利義教《あしかがよしのり》

**サブリーダー**

満済《まんさい》

**結成年** 1429年
（足利義教が将軍に就任）

**解散年** 1435年
（満済が死去）

**●チーム紹介**

将軍義教が、幕府の諸政策について重臣たちに意見を求めるため、構成されたチーム。

# 足利義教の大名意見制チーム

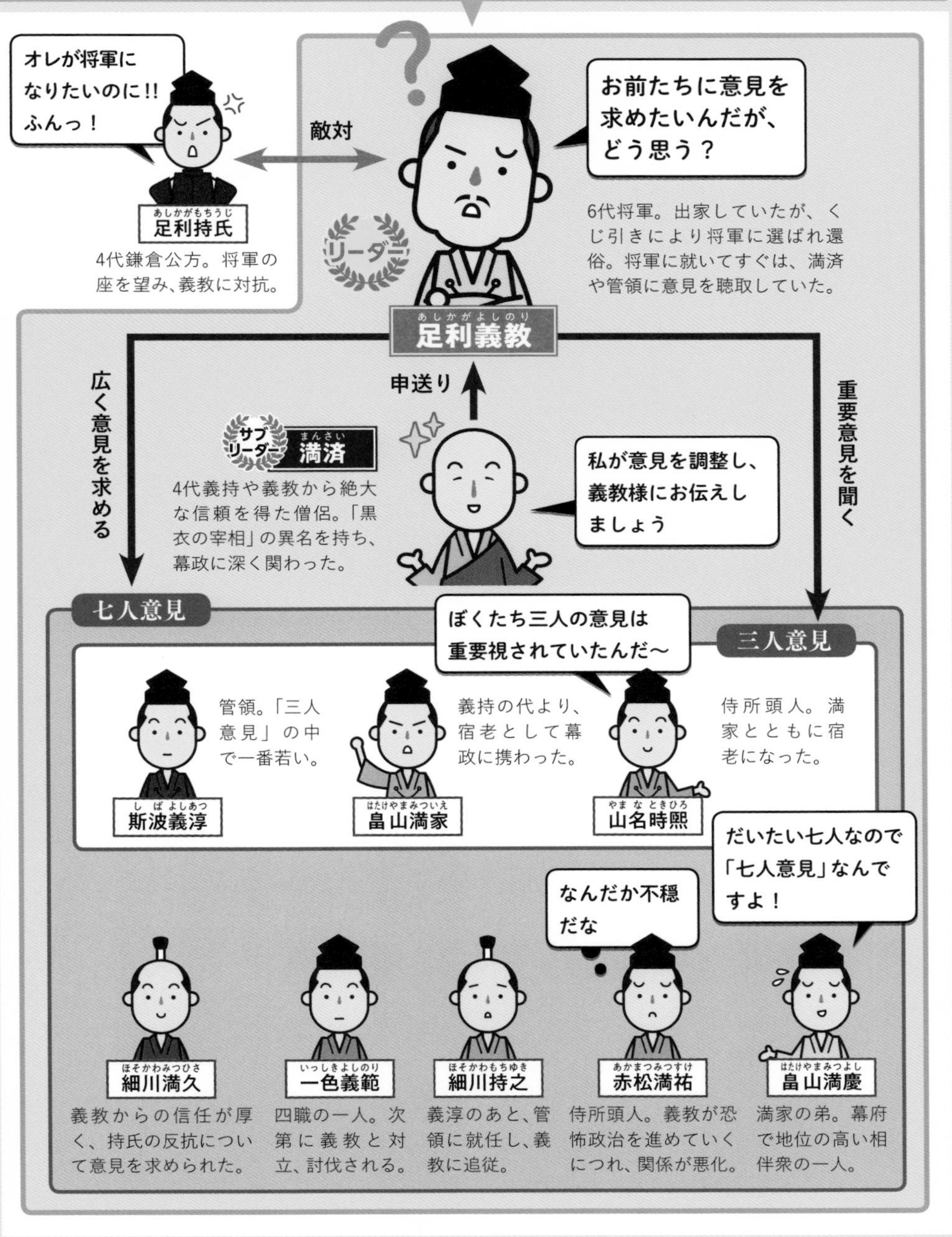

オレが将軍になりたいのに!! ふんっ！
敵対
足利持氏《あしかがもちうじ》
4代鎌倉公方。将軍の座を望み、義教に対抗。
お前たちに意見を求めたいんだが、どう思う？
リーダー
足利義教《あしかがよしのり》
6代将軍。出家していたが、くじ引きにより将軍に選ばれ還俗。将軍に就いてすぐは、満済や管領に意見を聴取していた。
広く意見を求める
重要意見を聞く
申送り
サブリーダー
満済《まんさい》
4代義持や義教から絶大な信頼を得た僧侶。「黒衣の宰相」の異名を持ち、幕政に深く関わった。
私が意見を調整し、義教様にお伝えしましょう
七人意見
三人意見
ぼくたち三人の意見は重要視されていたんだ〜
斯波義淳《しばよしあつ》
管領。「三人意見」の中で一番若い。
畠山満家《はたけやまみついえ》
義持の代より、宿老として幕政に携わった。
山名時熙《やまなときひろ》
侍所頭人。満家とともに宿老になった。
なんだか不穏だな
だいたい七人なので「七人意見」なんですよ！
細川満久《ほそかわみつひさ》
義教からの信任が厚く、持氏の反抗について意見を求められた。
一色義範《いっしきよしのり》
四職の一人。次第に義教と対立、討伐される。
細川持之《ほそかわもちゆき》
義淳のあと、管領に就任し、義教に追従。
赤松満祐《あかまつみつすけ》
侍所頭人。義教が恐怖政治を進めていくにつれ、関係が悪化。
畠山満慶《はたけやまみつよし》
満家の弟。幕府で地位の高い相伴衆の一人。


※三人意見、七人意見の表記は『満済准后日記』に合わせた表現。

Team No.20
室町時代

# 足利義政の側近政治

## 足利将軍の権威を高めようと努力するが…

### 主導権なき将軍の苦悩

戦国時代開幕のきっかけになったとされる応仁・文明の乱が約11年もの大乱に発展した理由は、将軍の後継問題と幕府重臣間の対立が連動し、そこに全国の守護大名の対立まで絡んだためである。そしてもとを正せば、8代将軍足利義政《あしかがよしまさ》が政治への意欲を失って後継問題をおざなりにしたことが大きな原因といえる。

しかし、義政にも政権運営を放棄したくなる理由があった。父義教《よしのり》と兄義勝《よしかつ》が相次いで死去し、14歳で将軍となった義政は、乳母今参局《いままいりのつぼね》、育て親の烏丸資任《からすまますけとう》、重臣有馬持家《ありまもちいえ》の「三魔《さんま》」に主導権を奪われた。この三人の失脚後は正室富子《とみこ》の実家である日野《ひの》氏の発言力が強く、やはり主導権は握れなかった。

### 政治への意欲を失う義政

それでも義政は**側近で政所執事《まんどころしつじ》の伊勢貞親《いせさだちか》や禅僧の季瓊真蘂《きけいしんずい》を重用し、守護大名たちへの介入、抗争が続く関東への兄政知《まさとも》の派遣、勢力を拡大する山名氏を抑えるために、山名氏と対立する赤松氏を支援するなど、積極的に活動した。**

しかし、これらの対応がかえって大名同士の内紛を激化させることとなり、義政は何をしてもままならない状況に嫌気が差して、徐々に政治への意欲を失っていく。

そしてついに義政の政治体制に反感を抱く重臣山名宗全《やまなそうぜん》（持豊《もちとよ》）が、娘婿の細川勝元《ほそかわかつもと》とともに貞親や季瓊真蘂を失脚させる。しかし、宗全と勝元は管領畠山氏の後継問題で衝突。応仁・文明の乱が開戦した。

リーダーでありながら幕府チーム内で抑圧された義政は気の毒だが、一方への肩入れが現場の混乱を招いてしまったといえる。

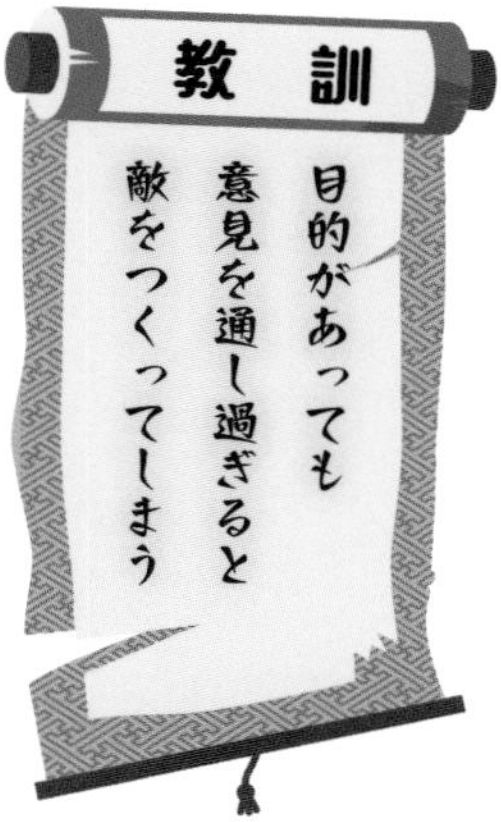
教訓
目的があっても
意見を通し過ぎると
敵をつくってしまう

**リーダー**
足利義政《あしかがよしまさ》

**サブリーダー**
伊勢貞親《いせさだちか》

**結成年** 1449年
（足利義政の将軍就任）

**解散年** 1473年
（将軍位を息子に譲る）

●チーム紹介
父の姿を参考にして、将軍自ら政治を行うことを目指し、側近を重用しての政治改革に乗り出す。

# 足利義政の側近政治

父のように強い
将軍を目指そう！
影響力大
三魔
「おいま」
「からすま」
「ありま」で
三魔ですって
足利義政《あしかがよしまさ》
リーダー
元服とともに将軍となる。若い頃は理想に燃え、重臣たちより側近を信頼して政治を行った。
日野富子《ひのとみこ》
義政の正室。陰の実力者。
今参局《いままいりのつぼね》
義政の乳母とも愛人ともいわれる富子の大叔母。
赤松一族
義政を教育
烏丸資任《からすますけとう》
義政の母のいとこ。
有馬持家《ありまもちいえ》
義政の寵臣。赤松氏の支流。
関東
新しい鎌倉
公方になる！
堀越公方
送り込む
足利政知《あしかがまさとも》
義政の兄。鎌倉に入れず伊豆堀越に滞在。
VS
私が鎌倉公方だ！
古河公方
足利成氏《あしかがしげうじ》
幕府に叛旗を翻し大乱を引き起こす。
フフフ…
幕府は思い
のままぞ
サブリーダー
伊勢貞親《いせさだちか》
三魔のあと、幕府の政治と軍事を掌握。守護大名の家督争いにも積極的に介入する。
兄妹
政治を操ってやろう…
日野勝光《ひのかつみつ》
富子の兄。血縁を利用して幕府の中枢に食い込む。
政治顧問
季瓊真蘂《きけいしんずい》
臨済宗の僧。幕政に介入した。
処罰
推し
排除したい
対立
応仁・文明の乱の対立
畠山氏
東軍
西軍
家督はオレのものだ！
政長《まさなが》
義就《よしひろ》
いとこ同士で家督を争う。
斯波氏
東軍
西軍
どうして？
義敏《よしとし》
義廉《よしかど》
義政が、義廉から家督を取り上げる。
東軍
伊勢貞親め…
細川勝元《ほそかわかつもと》
管領細川家の本家。
VS
西軍
赤松氏の旧領はオレのもの
山名宗全《やまなそうぜん》
中国地方の大守護。

Team No.21
室町時代

# 足利義政と東山文化サロン

## 今に続く日本文化の源流を生んだ文化人たち

### 元将軍が開いた文化サロン

8代将軍足利義政《あしかがよしまさ》は、周囲に権力を握られ続けて政治への関心を失っていったが、同時に文化活動に熱心になり、応仁・文明の乱の最中も庭園の造営や歌会に没頭した。

将軍としてのリーダーシップはほとんど発揮できないまま、息子に将軍職を譲った義政。しかし、洛東の東山に隠居して文化サロンを立ち上げると、東山文化形成のリーダーシップを取った。

東山文化の中核メンバーは「同朋衆《どうぼうしゅう》」という。名前に「阿弥《あみ》」が入ることが通例だが、阿弥であれば同朋衆というわけではない。阿弥は仏教の宗派時宗《じしゅう》の僧が名乗る法号である。時宗の僧は従軍僧として合戦に従うことが多く、武士との関わりが深かった。

### わび・さびをトレンドに

義政のもとには芸事が得意な人物が集まった。**能阿弥《のうあみ》は水墨画、善阿弥《ぜんあみ》は作庭、立阿弥《りゅうあみ》はのちの華道の源流となる立花《りっか》で活躍。能阿弥の息子芸阿弥《げいあみ》と孫の相阿弥《そうあみ》も義政の文化活動を補佐して東山文化大成に貢献した。**

また、社会的な出身階層も様々で、善阿弥のように河原者《かわらもの》と呼ばれる被差別階級の出身者もいた。

本来なら交わるはずのない人々が文化芸術のもとに集まり、他に類を見ないチームが結成されたのである。

**義政は表現方法においても滋味深く趣深い「わび」を新たなトレンドとし、東山山荘でそのイメージを表現した。このトレンドはやがて定番化し、後世の茶道などの文化芸術に多大な影響を与える。**

新しい価値観を生み出す鍵は、常識や先入観にとらわれず様々な人材と交流することなのである。

**教訓**

**多分野との交流が新しいカルチャーを生み出す源流となる**

**リーダー**

**足利義政《あしかがよしまさ》**

**サブリーダー**

**能阿弥《のうあみ》**
**芸阿弥《げいあみ》**
**相阿弥《そうあみ》**

**結成年** 1483年
(義政が東山山荘に移る)

**解散年** 1490年
(義政が死去する)

**●チーム紹介**

政治に嫌気が差した足利義政が、東山の別荘に移り、現代につながる芸能・文化を支援する。

# 足利義政と東山文化サロン

応仁の乱なんて知らん！ 好きなことするぞ！

リーダー

**足利義政《あしかがよしまさ》**

政治に興味がなくなり、文化活動に打ち込む。銀閣に代表される東山文化を生み出した。

## 同朋衆

利休は子孫らしい

**千阿弥《せんあみ》**

三阿弥と同じ唐物奉行。

立花は「いけばな」の様式です

**立阿弥《りゅうあみ》**

立花の成立に貢献。

## 三阿弥

目利きのプロなんですよ。中国の美術品が得意です

サブリーダー

**能阿弥《のうあみ》**

三阿弥の一人。書画の管理、鑑定などを行う。

サブリーダー

**芸阿弥《げいあみ》**

能阿弥の子。鑑定のみならず幅広い技芸に精通。

特に水墨画が得意なんです！

サブリーダー

**相阿弥《そうあみ》**

芸阿弥の子。絵が上手く、連歌もよくした。

## 猿楽能

幽玄…

**音阿弥《おんあみ》**

義政の援助を受けた能楽の第一人者。

太鼓の名手

**観世信光《かんぜのぶみつ》**

音阿弥の子。能に新しい風を吹き込む。

## 作庭

石の配置が絶妙だな

**善阿弥《ぜんあみ》**

季瓊真蘂が嫉妬するほどの才能。

**小四郎《こしろう》**

善阿弥の子。

銀閣の庭は父とつくったんだぜ

**又四郎《またしろう》**

小四郎の子。

## 御用絵師

**小栗宗湛《おぐりそうたん》**

襖絵を認められて、幕府御用絵師となる。

私が狩野派の祖です

**狩野正信《かのうまさのぶ》**

宗湛のあとを受けて御用絵師となる。

## 禅僧

政治だけではないのですよ

**季瓊真蘂《きけいしんずい》**

書家として高名。

相阿弥を尊敬

**亀泉集証《きせんしゅうしょう》**

季瓊真蘂の弟子で、能書家。

**横川景三《おうせんけいさん》**

多くの漢詩文を残した。

Team No.22

戦国時代

# 織田軍天下統一チーム

## 勢力拡大とともに発展していった覇王の軍団

リーダー

**織田信長《おだのぶなが》**

サブリーダー

**林秀貞《はやしひでさだ》**
**→足利義昭《あしかがよしあき》**
**→織田信忠《おだのぶただ》**

**結成年** 1552年
（信長の家督相続）

**解散年** 1582年
（本能寺の変で信長自害）

**●チーム紹介**

信長は優秀な人材を取り立てて、小大名から勢力を拡大。ライバルを倒し、天下統一目前に迫る。

### 尾張の一大名からスタート

三英傑の筆頭（他は秀吉・家康）織《お》田《だ》信長《のぶなが》は、最新兵器の鉄砲をいち早く戦術に取り入れるなど、革新的な発想力で精強な軍をつくる。そして、軍の規模が拡大するたびに指揮系統やメンバー編成を柔軟に変更し、状況に即した軍を率いて勝利を重ねた。

しかし、そんな信長もスタートは尾張の一大名だった。**父信秀《のぶひで》が死去すると、家督《かとく》を継いだ信長はその家臣団である譜代衆《ふだいしゅう》も引き継いだ。主なメンバーは、信長の幼少期から後見役を務めた林秀貞《はやしひでさだ》の他、柴田勝家《しばたかついえ》や村井貞勝《むらいさだかつ》など。さらに、信長自身が見出した側近である御馬廻衆《おうままわりしゅう》の前《まえ》田《だ》利家《としいえ》らもチームにいた。**

若き日の信長は奇行が目立ち、愚か者を意味する「うつけ」と呼ばれたため、秀貞や勝家は、信長と対立する弟信勝《のぶかつ》に味方した。しかし信勝は信長に敗れ、秀貞と勝家は処罰を覚悟する。ところが信長に許されて家臣に迎えられたため、信長の度量に感服して忠誠を誓った経緯がある。

この頃の信長にとって最大の敵は、駿河・遠江の今川義元《いまがわよしもと》だった。義元は国内でも最大級の有力大名で、常識的には信長がかなう相手ではない。しかし、桶狭間《おけはざま》の戦いで義元と対峙した信長は、一説によると豪雨を突破して奇襲を仕掛け、義元を討ち取ったのである。この勝利が、信長躍進のきっかけとなった。

### 将軍をしのぐ実力者になる

義元を討った信長は、義元配下にいた徳川家康《とくがわいえやす》と同盟を組み、さらに尾張の統一を果たした。

同じ頃、京では室町幕府13代将軍足利義輝《あしかがよしてる》が家臣に暗殺され、弟の義《よし》昭《あき》が越前へ亡命する一大事が起きた。幕府再興を望む義昭は、勢いに乗る信長に期待して上洛の協力を要請。信長は、美濃の戦国大名斎藤龍《さいとうたつ》興《おき》を倒して美濃を攻略したのちに、義昭上洛に従った。

**上洛時の信長家臣団は、以前からの譜代衆と御馬廻衆に加え、敵方か**

## 織田軍天下統一チーム 尾張ver.

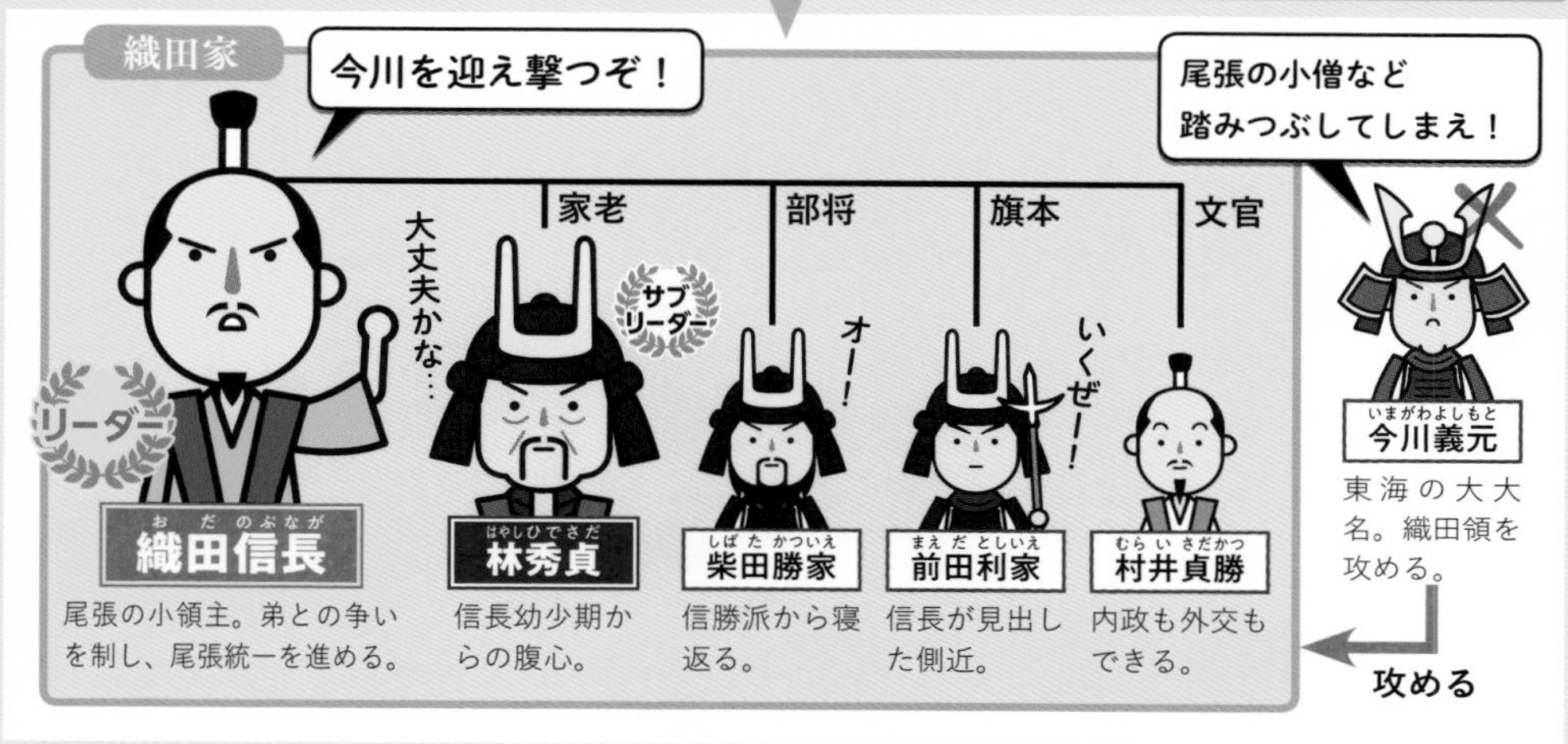

織田家
今川を迎え撃つぞ！
家老
部将
旗本
文官
大丈夫かな…
オー！
いくぜ！
サブリーダー
リーダー
織田信長《おだのぶなが》
尾張の小領主。弟との争いを制し、尾張統一を進める。
林秀貞《はやしひでさだ》
信長幼少期からの腹心。
柴田勝家《しばたかついえ》
信勝派から寝返る。
前田利家《まえだとしいえ》
信長が見出した側近。
村井貞勝《むらいさだかつ》
内政も外交もできる。
尾張の小僧など踏みつぶしてしまえ！
今川義元《いまがわよしもと》
東海の大大名。織田領を攻める。
攻める


## 織田軍天下統一チーム 室町幕府ver.

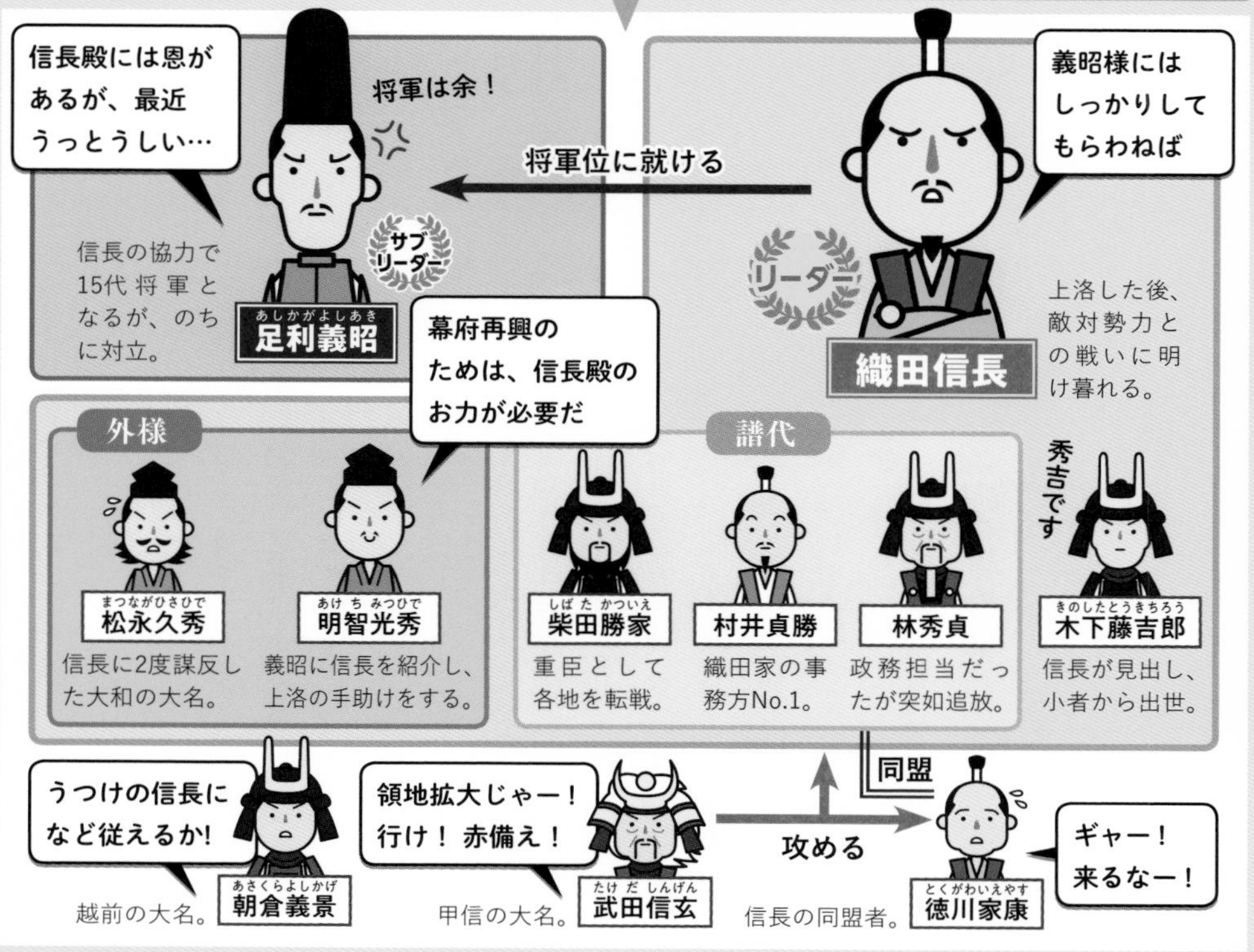

信長殿には恩があるが、最近うっとうしい…
将軍は余！
将軍位に就ける
サブリーダー
足利義昭《あしかがよしあき》
信長の協力で15代将軍となるが、のちに対立。
義昭様にはしっかりしてもらわねば
リーダー
織田信長
上洛した後、敵対勢力との戦いに明け暮れる。
幕府再興のためは、信長殿のお力が必要だ
外様
松永久秀《まつながひさひで》
信長に2度謀反した大和の大名。
明智光秀《あけちみつひで》
義昭に信長を紹介し、上洛の手助けをする。
譜代
柴田勝家《しばたかついえ》
重臣として各地を転戦。
村井貞勝
織田家の事務方No.1。
林秀貞
政務担当だったが突如追放。
秀吉です
木下藤吉郎《きのしたとうきちろう》
信長が見出し、小者から出世。
うつけの信長になど従えるか!
越前の大名。
朝倉義景《あさくらよしかげ》
領地拡大じゃー！行け！ 赤備え！
甲信の大名。
武田信玄《たけだしんげん》
攻める
同盟
ギャー！来るなー！
信長の同盟者。
徳川家康《とくがわいえやす》

**ら吸収した外様衆《とざましゅう》が形成されていた。外様衆の主なメンバーは、大和の多聞山城《たもんやまじょう》・信貴山城《しぎさんじょう》主の松永久秀《まつながひさひで》など。また、御馬廻衆にはのちに天下人となる子飼いの豊臣秀吉《とよとみひでよし》（木下《きのした》藤吉郎《とうきちろう》）も加わっていた。**

信長は譜代衆よりも御馬廻衆や外様衆を重用しており、勤続年数よりもスキルを重視して、能力主義の人材登用を行ったことがわかる。逆に、譜代であっても林秀貞のように功績の乏しいものは追放されている。

義昭は信長の協力で15代将軍に就任できたが、信長が将軍の権威を利用しているだけだと悟ると、二人の関係は破綻した。義昭は甲斐信濃の武田信玄《たけだしんげん》ら諸大名に協力を要請して信長包囲網を敷くが、信長はこの苦境をはねのけ、槇島城《まきしまじょう》の戦いで義昭を撃破。義昭を京から追放して、室町幕府を滅ぼす。信長と義昭の仲介役を務めた明智光秀《あけちみつひで》は元々将軍側にいたが、信長と義昭が対立すると信長の外様衆に加わっている。

## 方面軍編成で天下統一へ

その後信長は、朝廷と結びついて織田政権と呼ばれる体制を敷き、権力の象徴として近江に安土城《あづちじょう》を築いて全盛期を迎えた。そしてこの頃嫡《ちゃく》男《なん》信忠《のぶただ》に家督を譲っている。これは信忠を後継者として現場でトレーニングするためと、信長自身が天下統一事業に集中するための方針であり、実権は信長が握り続けた。

**家臣団は信忠を始めとする子どもたちを譜代衆や外様衆が支えた。一方でもっとも重要な天下統一事業の各方面軍指揮官には、信頼できる家臣を選抜している。**北陸方面は勝家、関東方面は滝川一益《たきがわかずます》、中国方面は秀吉、近畿方面は光秀、四国方面は丹《に》羽長秀《わながひで》などである。事業拡大に合わせて新たなプロジェクトチームを編成したのだ。信忠が総大将を務めた武田攻めで、強敵だった武田氏が滅亡。各方面軍も越後の上杉《うえすぎ》氏や中国地方の毛利《もうり》氏を追い詰め、信長の天下統一は確実視された。

ところが、秀吉の援軍に向かった光秀が反転して京の本能寺に滞在中の信長に謀反を起こす。この本能寺の変で信長は自刃。同日に信忠も討たれ、織田政権は事実上消滅した。

信長は能力主義と柔軟なチーム編成で天下統一目前まで迫った。部下のメンタルケアも徹底していれば、その目標は完遂されたはずだ。

**教訓**

目標達成のためには
チーム編成を柔軟に変更
部下のケアも忘れずに！

# 織田軍天下統一チーム 全国ver.

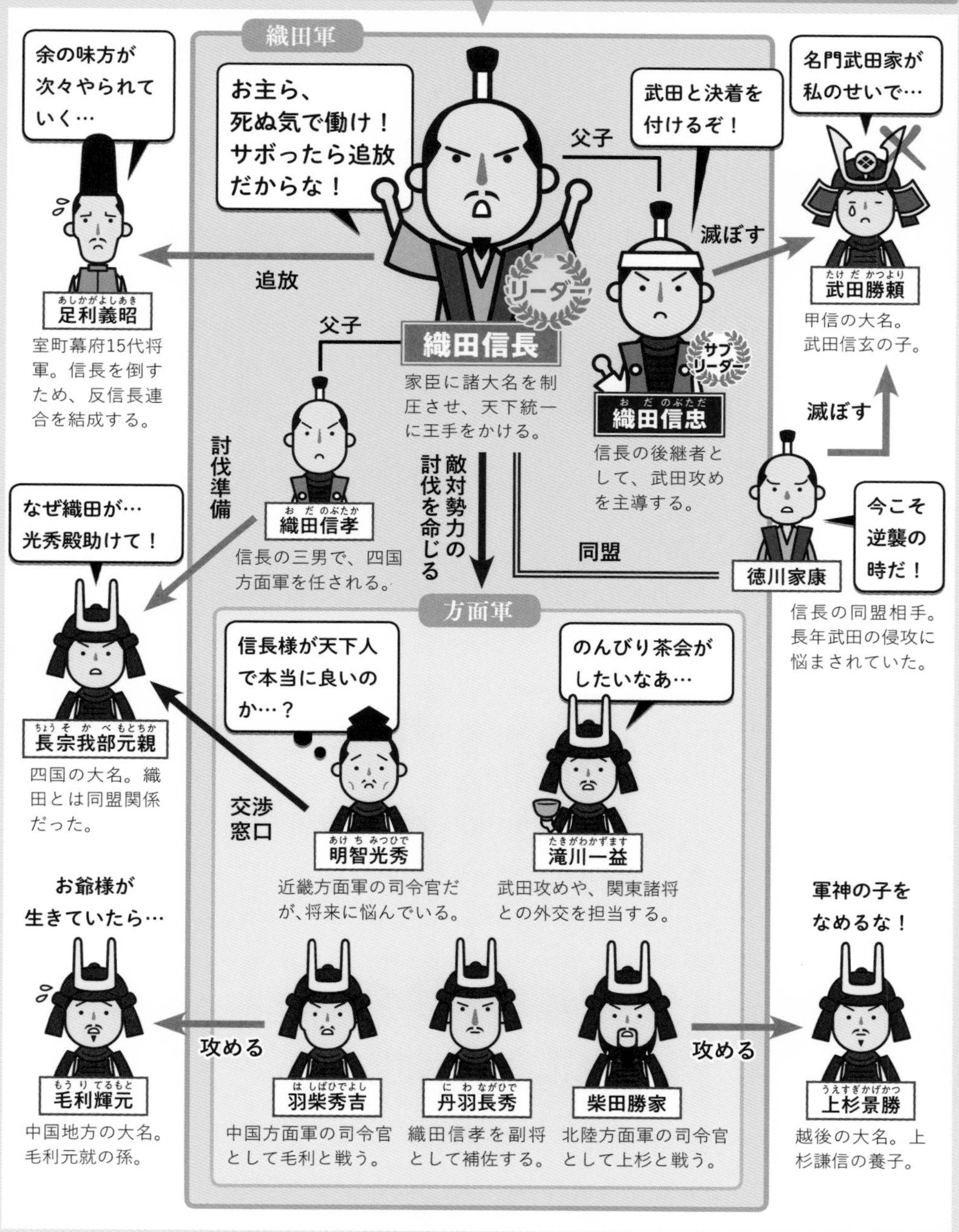

織田軍
お主ら、死ぬ気で働け！サボったら追放だからな！
リーダー
織田信長
家臣に諸大名を制圧させ、天下統一に王手をかける。
父子
武田と決着を付けるぞ！
サブリーダー
織田信忠《おだのぶただ》
信長の後継者として、武田攻めを主導する。
滅ぼす
名門武田家が私のせいで…
武田勝頼《たけだかつより》
甲信の大名。武田信玄の子。
余の味方が次々やられていく…
追放
足利義昭《あしかがよしあき》
室町幕府15代将軍。信長を倒すため、反信長連合を結成する。
父子
織田信孝《おだのぶたか》
信長の三男で、四国方面軍を任される。
討伐準備
敵対勢力の討伐を命じる
同盟
滅ぼす
今こそ逆襲の時だ！
徳川家康
信長の同盟相手。長年武田の侵攻に悩まされていた。
なぜ織田が…光秀殿助けて！
長宗我部元親《ちょうそかべもとちか》
四国の大名。織田とは同盟関係だった。
交渉窓口
方面軍
信長様が天下人で本当に良いのか…？
明智光秀《あけちみつひで》
近畿方面軍の司令官だが、将来に悩んでいる。
のんびり茶会がしたいなあ…
滝川一益《たきがわかずます》
武田攻めや、関東諸将との外交を担当する。
お爺様が生きていたら…
攻める
毛利輝元《もうりてるもと》
中国地方の大名。毛利元就の孫。
羽柴秀吉《はしばひでよし》
中国方面軍の司令官として毛利と戦う。
丹羽長秀《にわながひで》
織田信孝を副将として補佐する。
柴田勝家
北陸方面軍の司令官として上杉と戦う。
攻める
軍神の子をなめるな！
上杉景勝《うえすぎかげかつ》
越後の大名。上杉謙信の養子。

Team No.23

安土桃山時代

# 茶聖利休と七人の弟子

## 茶の湯を通じて絆を育み多くの権力者とつながる

**リーダー**

**千利休《せんのりきゅう》**

**サブリーダー**

**細川忠興《ほそかわただおき》**
**古田織部《ふるたおりべ》**
**蒲生氏郷《がもううじさと》**

**結成年** 1585年
（正親町天皇から利休号を与えられる）

**解散年** 1591年
（秀吉から切腹を命じられる）

**●チーム紹介**

茶の湯を通じて権力者と関係を結んだ利休。その利休から薫陶を受けた高弟七人を「利休七哲」という。

### 権力者に惚れ込まれた茶の湯

茶を点《た》てて楽しむ茶の湯は鎌倉時代頃から愛好され、安土桃山時代に堺の商人出身で茶人の千利休《せんのりきゅう》が確立したとされる。

現代にも続く茶の湯が利休の時代に隆盛を極めた理由は、わび・さびを愛でる美意識だけでなく、時の権力者をパトロンにした点も大きい。織田信長《おだのぶなが》は茶器を褒美とし、許可なき茶会を禁じて茶の湯をブランド化した「茶の湯御政道」を敷き、利休を師匠役の茶頭《さどう》とした。**この政策はポスト信長の豊臣秀吉《とよとみひでよし》にも受け継がれ、茶の湯は政治と密接な関係を持ち、利休は政界での利権を得たのだ。**

利休は初め「宗易《そうえき》」と名乗っていたが、秀吉が最高官位の関白《かんぱく》に就任した際、天皇に返礼する禁裏《きんり》茶会で利休が茶を点てるために、時の天皇正親町天皇《おおぎまちてんのう》から直々に「利休」の号を賜った。こうして利休は名実ともに天下一の茶人となったのである。

### 終焉もまた権力者の手で

**利休は単純に利益や名声を求めていたわけではなく、政治的な付き合いは、茶の湯という新たな価値観を普及させるための必要条件と考えていた。実際に茶の湯は広く受け入れられ、「利休七哲」と呼ばれる蒲生《がもう》氏郷《うじさと》・細川忠興《ほそかわただおき》など多くの弟子が集まった。**なお忠興が始めた三斎流は、現在にも受け継がれている。

こうして一大勢力を築いた利休だったが、有力大名との付き合いが深くなり、秀吉に危険視される。秀吉はあえて利休に切腹を命じて謝罪させようとした。しかし利休が潔く切腹してしまい、ひどく後悔したという。利休を支えたのも滅ぼしたのも権力者だった。政治力や権力は諸刃の剣《つるぎ》である。

**教訓**

権力者との関係は
見返りが大きいほど
危ういものである

# 茶聖利休と七人の弟子

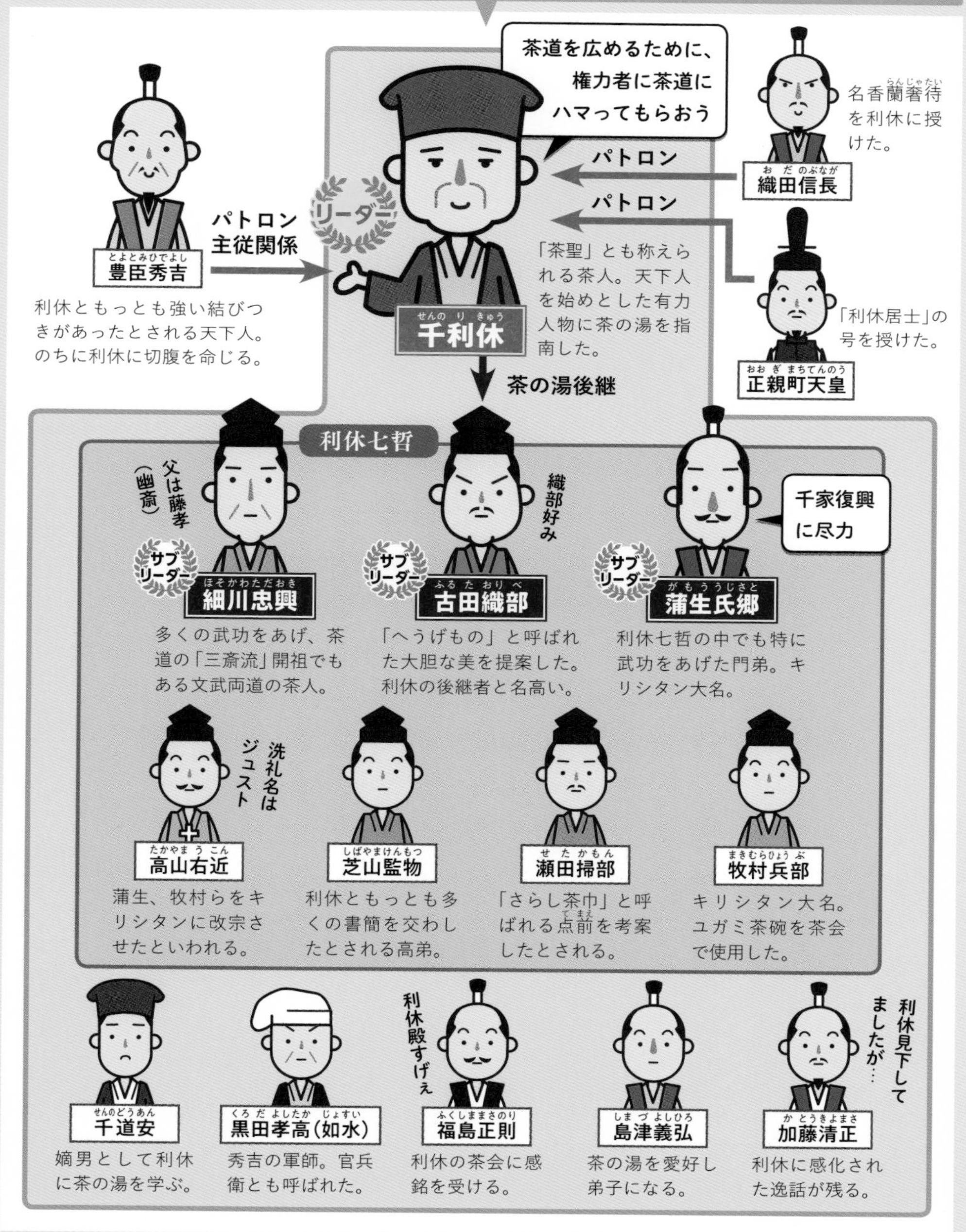
茶道を広めるために、権力者に茶道にハマってもらおう
リーダー
千利休《せんのりきゅう》
「茶聖」とも称えられる茶人。天下人を始めとした有力人物に茶の湯を指南した。
パトロン
主従関係
豊臣秀吉《とよとみひでよし》
利休ともっとも強い結びつきがあったとされる天下人。のちに利休に切腹を命じる。
パトロン
織田信長《おだのぶなが》
名香蘭奢待《らんじゃたい》を利休に授けた。
パトロン
正親町天皇《おおぎまちてんのう》
「利休居士」の号を授けた。
茶の湯後継
利休七哲
父は藤孝(幽斎)
サブリーダー
細川忠興《ほそかわただおき》
多くの武功をあげ、茶道の「三斎流」開祖でもある文武両道の茶人。
織部好み
サブリーダー
古田織部《ふるたおりべ》
「へうげもの」と呼ばれた大胆な美を提案した。利休の後継者と名高い。
千家復興に尽力
サブリーダー
蒲生氏郷《がもううじさと》
利休七哲の中でも特に武功をあげた門弟。キリシタン大名。
洗礼名はジュスト
高山右近《たかやまうこん》
蒲生、牧村らをキリシタンに改宗させたといわれる。
芝山監物《しばやまけんもつ》
利休ともっとも多くの書簡を交わしたとされる高弟。
瀬田掃部《せたかもん》
「さらし茶巾」と呼ばれる点前《てまえ》を考案したとされる。
牧村兵部《まきむらひょうぶ》
キリシタン大名。ユガミ茶碗を茶会で使用した。
千道安《せんのどうあん》
嫡男として利休に茶の湯を学ぶ。
黒田孝高《くろだよしたか》(如水《じょすい》)
秀吉の軍師。官兵衛とも呼ばれた。
利休殿すげぇ
福島正則《ふくしままさのり》
利休の茶会に感銘を受ける。
島津義弘《しまづよしひろ》
茶の湯を愛好し弟子になる。
利休見下してましたが…
加藤清正《かとうきよまさ》
利休に感化された逸話が残る。

Team No.24

安土桃山時代

# ワンマン秀吉政権と五大老・五奉行

## 豊臣家を中心とする新しい政権運営を目指した

**リーダー**

豊臣秀吉《とよとみひでよし》

**サブリーダー**

石田三成《いしだみつなり》
徳川家康《とくがわいえやす》

**結成年** 1590年
(秀吉が天下統一を果たす)

**解散年** 1600年
(関ヶ原の戦いで家康が勝利する)

**●チーム紹介**

秀吉が政治の決定権を掌握するワンマン政治。実務は家臣任せ、その補佐を有力大名に任せた。

### 一代で築かれた政権の脆さ

織田信長《おだのぶなが》の天下統一事業を引き継ぎ、一代で天下人となった豊臣秀《とよとみひで》吉《よし》。長らく実子に恵まれず、甥秀次《ひでつぐ》を後継者に指名していた。ところが、60歳目前で息子秀頼《ひでより》が誕生する。秀頼を後継者にしたい秀吉は、秀次を謀反の嫌疑で処刑してしまった。秀吉が信頼した弟秀長《ひでなが》はすでに病死しており、ここにきて秀吉がワンマンで築いた政権の脆さが露呈《ろてい》する。

**太閤検地《たいこうけんち》や国替《くにが》えなど、秀吉が設けた制度を実行に移すのが、初期から秀吉に仕える浅野長政《あさのながまさ》、石田三成《いしだみつなり》らの奉行衆だ。一方で、年老いた秀吉が君臨する豊臣政権は権威を失いつつあったため、徳川家康《とくがわいえやす》や前田利《まえだとし》家《いえ》など有力大名の六人を大老《たいろう》とし、秀吉への忠誠を高めさせた。大老は奉行衆からの相談に助言を行うなど、顧問的役割を持った。**

### 家臣同士の対立が大乱に

しかし大老設置の3年後に秀吉は体調を崩しがちになった。この時、秀頼はまだ6歳。そこで秀吉は、実務担当の五人の奉行と、決議担当の五人の大老による合議制で秀頼を支えるよう命じた。このチームを五大老・五奉行という。

このの ち秀吉が没し、その翌年に大老の中で唯一家康に対抗できる力を持っていた利家が死去。すると家康が天下取りの野望をあらわにして秀頼を軽視し始めたため、豊臣家に忠誠を誓う三成との対立が激化する。これが関ヶ原の戦いにつながった。

合戦は家康が勝利し、天下は家康の手に渡る。秀吉が政権をワンマン運営して後継者育成を後回しにしたため、豊臣政権は2代で破綻した。組織を長続きさせるなら、信頼できる後継者の育成が必須なのである。

**教訓**

組織を存続させるには
後継者の育成と
信頼できる部下が必要

# ワンマン秀吉政権と五大老・五奉行

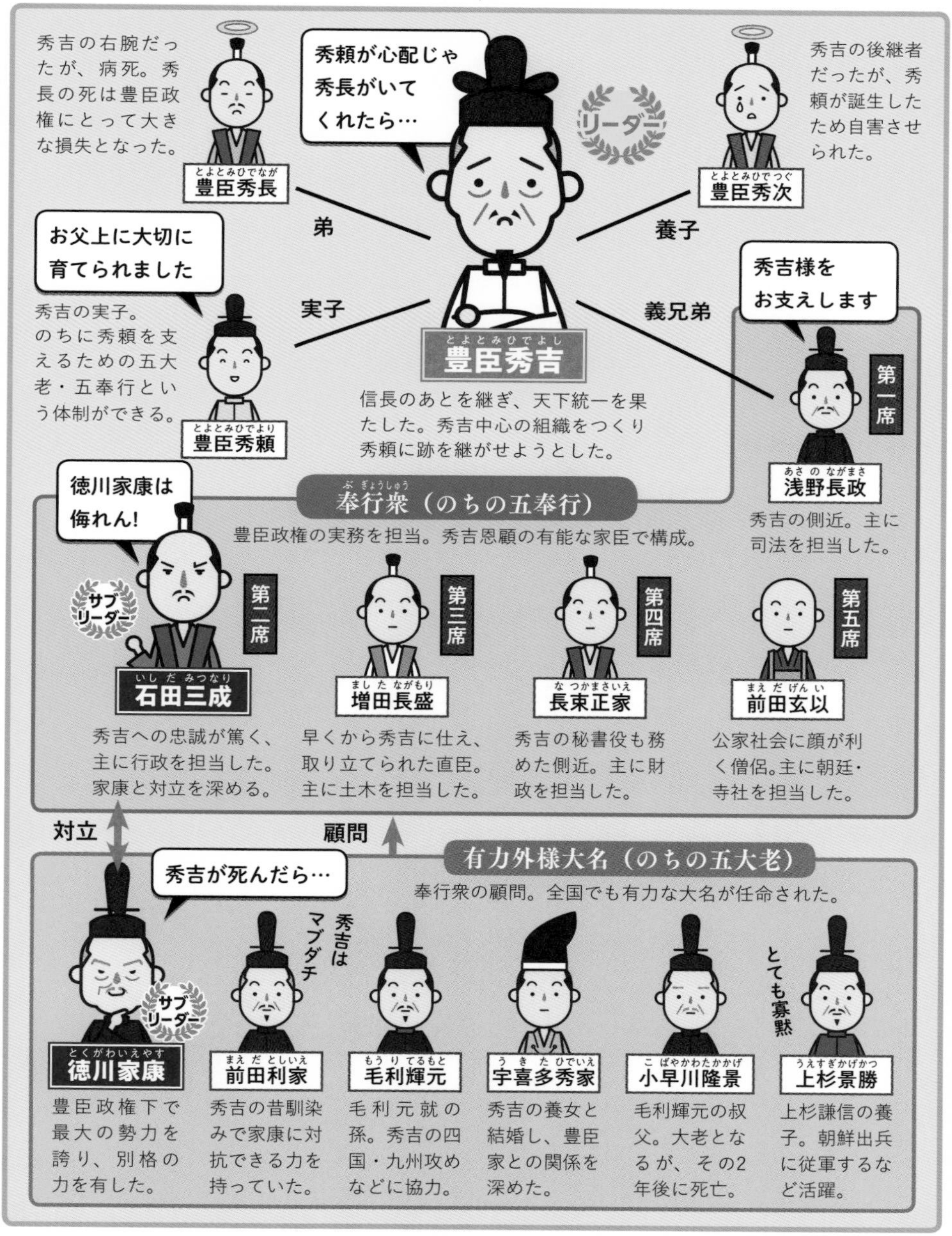
秀吉の右腕だったが、病死。秀長の死は豊臣政権にとって大きな損失となった。
豊臣秀長《とよとみひでなが》
秀頼が心配じゃ 秀長がいてくれたら…
リーダー
豊臣秀次《とよとみひでつぐ》
秀吉の後継者だったが、秀頼が誕生したため自害させられた。
弟
養子
お父上に大切に育てられました
秀吉の実子。のちに秀頼を支えるための五大老・五奉行という体制ができる。
実子
豊臣秀頼《とよとみひでより》
豊臣秀吉《とよとみひでよし》
信長のあとを継ぎ、天下統一を果たした。秀吉中心の組織をつくり秀頼に跡を継がせようとした。
義兄弟
秀吉様をお支えします
第一席
浅野長政《あさのながまさ》
秀吉の側近。主に司法を担当した。
徳川家康は侮れん!
奉行衆《ぶぎょうしゅう》（のちの五奉行）
豊臣政権の実務を担当。秀吉恩顧の有能な家臣で構成。
サブリーダー
第二席
石田三成《いしだみつなり》
秀吉への忠誠が篤く、主に行政を担当した。家康と対立を深める。
第三席
増田長盛《ましたながもり》
早くから秀吉に仕え、取り立てられた直臣。主に土木を担当した。
第四席
長束正家《なつかまさいえ》
秀吉の秘書役も務めた側近。主に財政を担当した。
第五席
前田玄以《まえだげんい》
公家社会に顔が利く僧侶。主に朝廷・寺社を担当した。
対立
顧問
有力外様大名（のちの五大老）
奉行衆の顧問。全国でも有力な大名が任命された。
秀吉が死んだら…
サブリーダー
徳川家康《とくがわいえやす》
豊臣政権下で最大の勢力を誇り、別格の力を有した。
秀吉はマブダチ
前田利家《まえだとしいえ》
秀吉の昔馴染みで家康に対抗できる力を持っていた。
毛利輝元《もうりてるもと》
毛利元就の孫。秀吉の四国・九州攻めなどに協力。
宇喜多秀家《うきたひでいえ》
秀吉の養女と結婚し、豊臣家との関係を深めた。
小早川隆景《こばやかわたかかげ》
毛利輝元の叔父。大老となるが、その2年後に死亡。
とても寡黙
上杉景勝《うえすぎかげかつ》
上杉謙信の養子。朝鮮出兵に従軍するなど活躍。

第3章

# 安定した社会で発展を遂げた江戸

江戸時代

| 江戸時代 | |
|---|---|
| 1603 | 徳川家康が征夷大将軍に就任 |
| 1604 | 幕府が生糸の輸入をする特定の商人に特権を与える（糸割符制度） |
| 1605 | **徳川家康が隠居して大御所になり、徳川秀忠が2代将軍に就任** ➡P70 |
| 1609 | **徳川家康が諸大名に名古屋城の築城を命じる** ➡P74 |
| 1615 | 大坂の役で徳川方が勝利し、豊臣氏が滅亡する |
| 1629 | **お福が春日局の名を与えられる** ➡P76<br>後水尾天皇が高僧に紫衣を与えるも、幕府が無効にする（紫衣事件） |
| 1634 | **3代将軍家光が老中制などの分掌を定め、幕府の体制を整える** ➡P78 |
| 1637 | 天草四郎時貞らが、領主の圧政に反抗（島原の乱） |
| 1641 | 平戸のオランダ商館が出島に移る |
| 1685 | 5代将軍徳川綱吉が生類憐みの令を発布する |
| 1702 | **大石内蔵助ら赤穂浪士が吉良上野介の邸宅に討ち入り** ➡P80 |
| 1716 | **8代将軍徳川吉宗が享保の改革を始める** ➡P82 |
| 1767 | 田沼意次が側用人に就任する |
| 1773 | **蔦屋重三郎が吉原大門に書店を開く** ➡P86 |

## 主要人物の生没年一覧

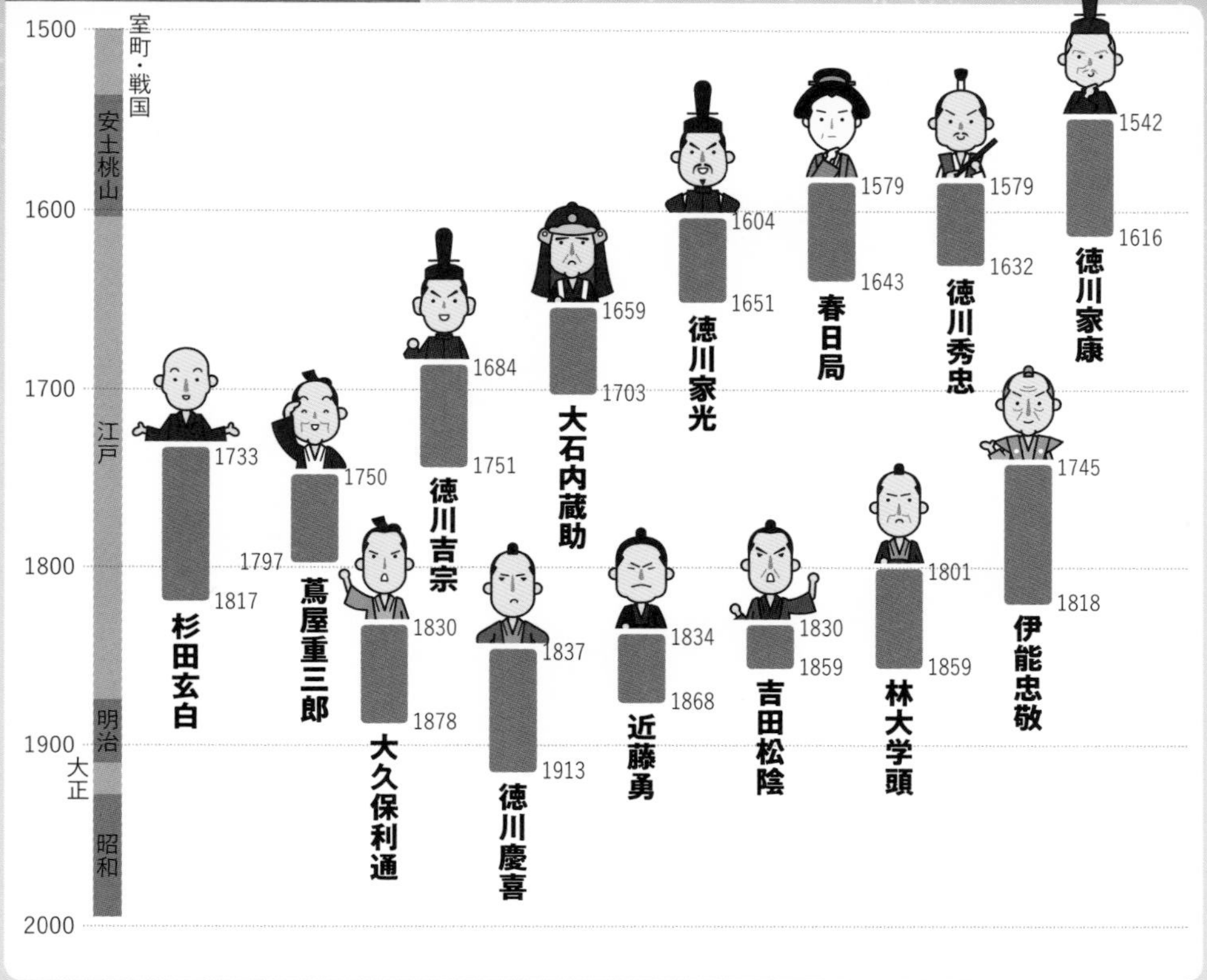
1500
1600
1700
1800
1900
2000
室町・戦国
安土桃山
江戸
明治
大正
昭和
徳川家康 1542 1616
徳川秀忠 1579 1632
春日局 1579 1643
徳川家光 1604 1651
大石内蔵助 1659 1703
徳川吉宗 1684 1751
杉田玄白 1733 1817
蔦屋重三郎 1750 1797
大久保利通 1830 1878
徳川慶喜 1837 1913
近藤勇 1834 1868
吉田松陰 1830 1859
林大学頭 1801 1859
伊能忠敬 1745 1818

| 江戸時代 | |
|---|---|
| 1774 | **日本初の解剖学書、『解体新書』が刊行される** ⬇P84 |
| 1787 | 松平定信が寛政の改革を始める |
| 1800 | **伊能忠敬が蝦夷地の測量を開始し、日本地図の作成にあたる** ⬇P88 |
| 1808 | 間宮林蔵らが樺太を探査する |
| 1837 | 大塩平八郎が農村の窮乏を訴え蜂起（大塩の乱） |
| 1841 | 水野忠邦が天保の改革を始める |
| 1853 | ペリーが浦賀に来航する |
| 1854 | **林大学頭ら応接掛が、日米和親条約を調印する** ⬇P90 |
| 1857 | **吉田松陰が叔父から松下村塾を引き継ぐ** ⬇P92 |
| 1858 | 日米修好通商条約を調印する |
| 1860 | 桜田門外の変で、井伊直弼が水戸脱藩浪士らに暗殺される |
| 1862 | 皇女和宮が14代将軍徳川家茂に降嫁する |
| 1863 | **近藤勇を局長とする壬生浪士組（のちの新選組）が結成される** ⬇P94 |
| 1864 | 禁門の変により、長州藩が朝敵になる |
| 1866 | 坂本龍馬らの仲介で、薩長同盟が成立 |
| 1866 | **15代将軍徳川慶喜が慶応の改革を始める** ⬇P96 |
| 1867 | **大久保利通らが王政復古のクーデターを決行** ⬇P98 |

Team
No.25
江戸時代前期

# 家康・秀忠の二元政治

江戸と駿府に分かれて幕府の体制固めを行う

## 家康・秀忠の二元政治 チーム江戸

徳川秀忠《とくがわひでただ》

「武家諸法度」を発布し、これに違反した大名を多く処罰。キリシタンの取締りや朝廷への介入など、幕府の権威を周囲に知らしめた。

### 幕府首脳陣

#### 家康時代から続投

目を光らせて
おりますぞ

全力でサポート
致します

大久保忠隣《おおくぼただちか》（サブリーダー）

家康に仕えて数々の合戦に従事。関東へ移った際に秀忠付きとなった。秀忠の信頼が厚かったという。

本多正信《ほんだまさのぶ》（サブリーダー）

家康の側近として幕政を補佐。家康が隠居すると引き続き秀忠に仕え、幕府の政治に携わった。

酒井忠世《さかいただよ》

重臣の家柄で、年寄として幕政を担う。

いつかトップになりたい…

土井利勝《どいとしかつ》

秀忠の教育係。のちに幕府最高の権力者になる。

安藤重信《あんどうしげのぶ》

秀忠の教育係。

青山成重《あおやまなりしげ》

秀忠の後見役。

勘定頭

伊丹康勝《いたみやすかつ》

幕府の財政担当。

小姓組番頭

水野忠元《みずのただもと》

秀忠の側近。

治水が得意

関東郡代

伊那忠次《いなただつぐ》

優れた行政官。

関東惣奉行兼江戸町奉行

内藤清成《ないとうきよなり》

秀忠の教育係。

### リーダー

徳川家康《とくがわいえやす》
徳川秀忠《とくがわひでただ》

### サブリーダー

本多正純《ほんだまさずみ》
本多正信《ほんだまさのぶ》
大久保忠隣《おおくぼただちか》

**結成年** 1605年
（家康が秀忠に将軍職を譲る）

**解散年** 1616年
（家康の死去）

### ●チーム紹介

将軍職を退いた家康が大御所として駿府で、将軍秀忠が江戸で政治をとるという体制で幕府を運営。

# 家康・秀忠の二元政治 チーム駿府

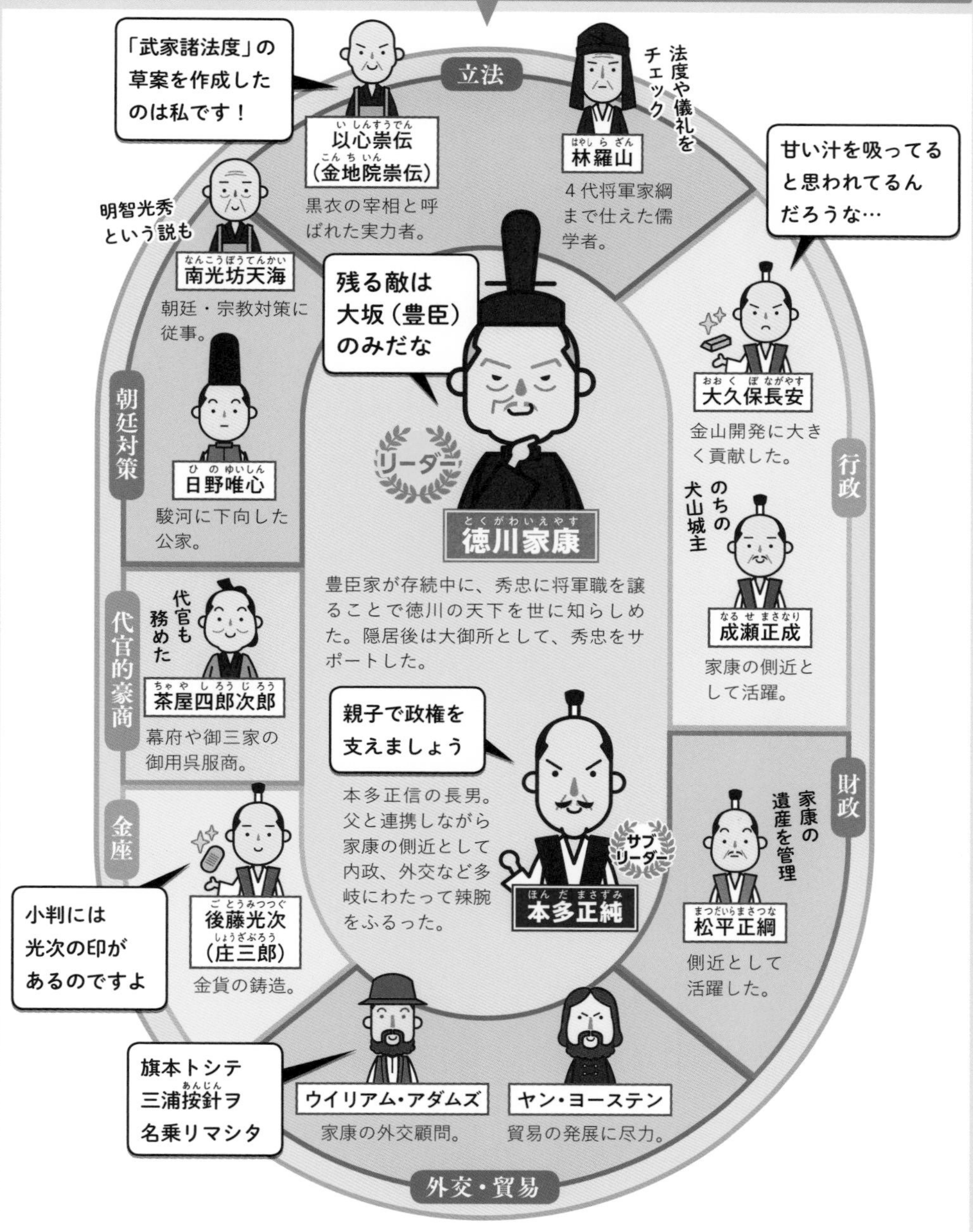

立法
「武家諸法度」の草案を作成したのは私です！
以心崇伝《いしんすうでん》
(金地院《こんちいん》崇伝)
黒衣の宰相と呼ばれた実力者。
法度や儀礼をチェック
林羅山《はやしらざん》
4代将軍家綱まで仕えた儒学者。
明智光秀という説も
南光坊天海《なんこうぼうてんかい》
朝廷・宗教対策に従事。
朝廷対策
日野唯心《ひのゆいしん》
駿河に下向した公家。
残る敵は大坂(豊臣)のみだな
リーダー
徳川家康《とくがわいえやす》
豊臣家が存続中に、秀忠に将軍職を譲ることで徳川の天下を世に知らしめた。隠居後は大御所として、秀忠をサポートした。
甘い汁を吸ってると思われてるんだろうな…
大久保長安《おおくぼながやす》
金山開発に大きく貢献した。
行政
のちの犬山城主
成瀬正成《なるせまさなり》
家康の側近として活躍。
代官的豪商
代官も務めた
茶屋四郎次郎《ちゃやしろうじろう》
幕府や御三家の御用呉服商。
親子で政権を支えましょう
本多正信の長男。父と連携しながら家康の側近として内政、外交など多岐にわたって辣腕をふるった。
サブリーダー
本多正純《ほんだまさずみ》
財政
家康の遺産を管理
松平正綱《まつだいらまさつな》
側近として活躍した。
金座
小判には光次の印があるのですよ
後藤光次《ごとうみつつぐ》
(庄三郎《しょうざぶろう》)
金貨の鋳造。
旗本トシテ三浦按針《あんじん》ヲ名乗リマシタ
ウイリアム・アダムズ
家康の外交顧問。
ヤン・ヨーステン
貿易の発展に尽力。
外交・貿易

## 江戸に開かれた徳川念願の幕府

江戸時代の川柳で「鳴くまで待とう時鳥《ほととぎす》」と謳《うた》われた徳川家康《とくがわいえやす》。彼は川柳の通り待つことのできる男だった。家康は豊臣秀吉《とよとみひでよし》のもとで力を蓄え、60歳を超えて征夷大将軍に命じられると江戸に幕府を開き、天下統一への道を探り始める。

しかし大坂には秀吉の遺児である秀頼《ひでより》が残っており、関ヶ原の戦いで勝ち抜いたとはいえ全国にはまだ反徳川勢が多い。のちに長期政権になる江戸幕府はそんな不安定な状況からスタートした。

秀忠！
お前に将軍職を譲る！

家康は開府わずか2年で子の秀忠《ひでただ》に将軍職を譲るよう天皇に奏上《そうじょう》。それはすぐに受け入れられ、秀忠は家康と同じく伏見城で征夷大将軍の職を宣下《せんげ》される。これは日本全国の大名に「将軍職は代々徳川家が継ぐ」という流れを認知させる巧妙な技であり、徳川の権力を揺るぎないものにするための作戦だった。

## 父と息子による共同戦線の開始

将軍職を引退後、大御所《おおごしょ》となった家康は秀忠を江戸城に残して、自身は駿府《すんぷ》城へ居を移す。この後、家康は伏見や駿府から政治を動かしたため後々「遠隔地から息子を操作し権力を握り続けた」という評価もされるが、**家康は一人の力では天下を保てないことを秀吉の事例でわかっていた。そこで駿府城から全国を支配する家康、関東に残り地盤を固める秀忠という二手に分かれて政治を行うことを考えたのだ。**

彼らは全国の大名を血族である「親藩」、古くから徳川家を支えてきた家臣である「譜代《ふだい》」、そして関ヶ原の戦い前後から徳川家に臣従した「外様《とざま》」に分けた。徳川親子が一番恐れていたのは大名の反乱や下剋上《げこくじょう》だったのだ。そこで臣従歴の短い外様は江戸や京都・大坂から遠く離れた地域に配置し、その近くに親藩・譜代を置いて監視させ、反乱の芽を摘もうとした。

さらに秀忠は領国に一つの城しか認めない「一国一城令《いっこくいちじょうれい》」や、大名に守らせる鉄則でもある「武家諸法《ぶけしょはっ》度《と》」を発布し、大名の統制と幕府が強権を発動する武断政治を徹底させる。そして家康は全国の大名に各地の城や市街地の整地をさせる「天下《てんか》普請《ぶしん》」を命じた。

徳川親子の出した数々の命令、これは全国の大名たちの力を削ぎ落とし抵抗を防ぐための策略だったのだ。

## 幕府を支えた大名と臣下

家康、秀忠の江戸幕府にとって幸いだったのは、能力の高い大名や側近が多かったことでもある。**特に家康は能力に優れる側近は身分を問わずに積極的に登用したことでも知られる。**青い目の侍と呼ばれたイギリス人航海士ウイリアム・アダムズ(三浦按針《みうらあんじん》)には日本で初めての洋式帆船をつくらせ、臨済宗の僧侶である以心崇伝《いしんすうでん》には「武家諸法度」などの法律立案にかかわらせた。この他にも幕府の儀礼を固めた儒学者の林羅山《はやしらざん》、朝廷対策を講じた公家の日野唯心《ひのゆいしん》、財務のアドバイザーとしては豪商茶屋四郎次郎《ちゃやしろうじろう》を手元におくなど、多様な出自の人々を招集したのだ。

同時に秀忠の住む江戸城には大久《おおく》保《ぼ》忠隣《ただちか》、土井利勝《どいとしかつ》、酒井忠世《さかいただよ》など譜代大名を集めることで、江戸の地盤固めを徹底させた。また関東地方の幕府直轄領を治める関東郡代には伊《い》奈《な》忠次《ただつぐ》。財政を司る勘定頭《かんじょうがしら》には伊丹康《いたみやす》勝《かつ》、江戸町奉行には家康時代から引き続き内藤清成《ないとうきよなり》など。そんな才能ある男たちも秀忠を支えた。なかでも伊奈忠次は関東地方の治水と農政を徹底した人物として知られる。

そしてそれぞれの城で年寄《としより》(家老)として取り上げられたのは徳川の寵臣本多正信《ほんだまさのぶ》、正純《まさずみ》親子。正信は江戸城で、息子の正純は駿府城で徳川を支え続けた。こういった豊かな人材で江戸幕府チームを結成した徳川家は盤石な政権を目指すことになる。

## そしてバトンは3代目へ

初代や3代目に比べると凡庸な雰囲気を拭えない秀忠だが、実直な性格は、2代目として適任だった。その後、大坂の役(冬の陣・夏の陣)で豊臣氏を滅ぼしたあと家康は死去するが、**秀忠は遺志を継いで幕藩体制を確立。そして3代将軍の家光にバトンをつないだ。そのバトンは脈々と受け継がれていき、江戸幕府は約260年以上続くことになった。**

ビジョンを見据えて準備を行い、トップが足りない能力は、部下の人材で補うことが、目標を達成するための秘訣である。

**教訓**

**トップといえども**
**万能ではない**
**不足は人材で補え**

Team No.26

江戸時代前期

# 名古屋城築城プロジェクト

## 新時代の到来を告げた一大事業計画

### 徳川と大名の築城プロジェクト

名古屋の名所として観光客の絶えない名古屋城。この城は徳川家康の命令によって築かれた城だった。幕府を開いたあと、対豊臣戦を想定して各地に築城計画を立てていた家康は、これまで尾張の中心だった清洲を防衛の拠点に考えていたが、清洲は水害が多い土地であり、水攻めをされると守りづらい。そのためいくつかの候補から、水害の心配がない台地上で防衛にも向いており、熱田港が近くて交通の便もよい那古屋（名古屋）を選んだ。

将軍となっていた秀忠《ひでただ》により、名古屋城の築城の担当として20人もの大名たちが任命され、ここに一大築城プロジェクトが立ち上がった。

### 匠の技術で完成した名古屋城

総計20万人以上が集められた名古屋城の築城。しかし普請《ふしん》における人件費、材料費は大名たちの自己負担である。つまりこれは外様大名の財政を削るための大御所家康による巧妙な作戦でもあった。

そんな家康の思惑など気づいていただろうが、**築城は大名たちにとって忠誠心を示す場所であり、腕の見せ所でもあった。他の築城で培ったノウハウを活かし、城中心部の石垣は1年未満で竣工し、2年目には天守、5年目には本丸御殿が完成する。**

計画を成功に導いたのは、石垣づくりの名手で、堅牢な熊本城を築いた加藤清正《かとうきよまさ》などの知識や、仕事を分担する「割普請《わりぶしん》」によって、完成度や速さを競わせて功名心を巧みに煽る家康の知能プレーだった。

チームで大仕事をするなら、部下の素質を汲み取り適切な場所に配置すること。それがうまくチームを動かすコツである。

**リーダー**

徳川家康《とくがわいえやす》

**サブリーダー**

徳川秀忠《とくがわひでただ》

**結成年** 1609年
（名古屋城の築城を決定）

**解散年** 1615年
（本丸御殿が完成する）

**●チーム紹介**

20人もの外様大名を動員し、西国への抑えとして名古屋に新しい城を建設するためのチーム。

**教訓**

**技術や経験も大事だが**
**大きな仕事には**
**チームプレーが大切**

# 名古屋城築城プロジェクト

徳川の威光を
天下に示すのだ！

サブリーダー

2代将軍。父家康の意向を受けて、加藤清正ら20大名に、名古屋城の普請を命じる。

**徳川秀忠《とくがわひでただ》**

私の息子のために
城をつくれ！
フフフ……

リーダー

大坂にいる豊臣秀頼が攻めてくることを想定し、豊臣家臣だった大名に命じて名古屋に城を築いた。

**徳川家康《とくがわいえやす》**

どんな城に
なるのかなぁ

家康の9男で、尾張徳川家の初代。

**徳川義直《とくがわよしなお》**

## 普請奉行

え！　清洲の町ごと
名古屋に引っ越し!?

普請奉行の一人。名古屋で測量をする。

**牧長勝《まきながかつ》**

**村田権右衛門《むらたごんえもん》**

普請奉行の一人。

**滝川忠征《たきがわただゆき》**

普請奉行の一人。のちの尾張藩家老。

**山城忠久《やましろただひさ》**

普請奉行の一人。

**佐久間政実《さくままさざね》**

普請奉行の一人。

## 大名チーム

なぜ家康殿の息子の
城をつくらなければ
ならないんだ！

正則！
そんなに嫌
なら帰れ！

**加藤清正《かとうきよまさ》**

天守台の石垣を担当。肥後から約2万人を動員して作業にあたったという。

**福島正則《ふくしままさのり》**

広島城主。名古屋城と熱田の間を流れる堀川は、正則が掘った。

正則殿、
私に文句を
言われても…

家康の娘婿。姫路城主。二の丸大手二ノ門石垣は、輝政の担当。

**池田輝政《いけだてるまさ》**

前田利光《まえだとしみつ》・鍋島勝茂《なべしまかつしげ》・黒田長政《くろだながまさ》・田中忠政《たなかただまさ》・細川忠興《ほそかわただおき》・浅野幸長《あさのよしなが》・山内忠義《やまのうちただよし》・毛利秀就《もうりひでなり》・加藤嘉明《かとうよしあき》・蜂須賀至鎮《はちすかよししげ》・寺沢広高《てらさわひろたか》・生駒正俊《いこままさとし》・稲葉典通《いなばのりみち》・木下延俊《きのしたのぶとし》・金森可重《かなもりよししげ》・竹中重利《たけなかしげとし》・毛利高政《もうりたかまさ》

## 作事チーム

作事奉行

**小堀遠州《こぼりえんしゅう》**

茶人・造園家として有名。名古屋城天守の造営に関わる。

大工棟梁

**中井正清《なかいまさきよ》**

駿府城、日光東照宮なども担当。大工ながら大名並の待遇を得た。

大工頭

**岡部又右衛門《おかべまたえもん》**

熱田の宮大工。父は織田信長の安土城築城に携わった。

Team No.27
江戸時代前期

# 春日局の大奥創設

## 将軍の跡継ぎを生み育てるシステムを構築

**リーダー**
春日局《かすがのつぼね》

**サブリーダー**
お万《まん》の方《かた》

結成年 1623年
（徳川家光が将軍に就任）

解散年 1643年
（春日局の死去）

●チーム紹介
将軍の世継ぎを絶やさないよう、春日局が将軍と正室と側室、その子女のための組織を整える。

### 江戸城に存在した女の園〝大奥〟

江戸城本丸御殿は幕府の政務機関である「表《おもて》」、将軍の居住空間である「中奥《なかおく》」、将軍の妻女《さいじょ》や女中《じょちゅう》といった数千人の女性が住む「大奥《おおおく》」の三つに区分されていた。大奥の目的は将軍家を絶えさせないこと。大奥はただの女の園ではなく、幕府と将軍とその家族を支える役所でもあったのだ。

### 乳母将軍と呼ばれた春日局

そんな大奥を管理する女性が大奥《おおおく》総取締《そうとりしまり》だ。なかでも有名な女性が3代将軍家光《いえみつ》の乳母《めのと》の春日局《かすがのつぼね》。しかし彼女が最初から大奥を取り仕切れたわけではなかった。大奥で順位が高いのは将軍の正妻の御台所《みだいどころ》。つまり2代将軍秀忠《ひでただ》の時代は正妻のお江《ごう》（崇源院《すうげんいん》）であった。秀忠が男子禁制を含む大奥《おおおく》法度《はっと》を発布し、お江とその女中たちが大奥を取り仕切っていた。

しかしお江が亡くなると、トップに踊り出たのが春日局だ。彼女は**実母にないがしろにされていた家光を家康に直訴《じきそ》して将軍につけただけでなく、男色《だんしょく》傾向にあった彼に様々な側室《そくしつ》を選び、次期将軍となる世継《よつ》ぎをも誕生させたのである。**乳母将軍と揶揄《やゆ》されるほどの権勢を誇った彼女は大奥を厳格化し、徳川の世襲を途絶えさせないようにした。

春日局亡きあとは、家光の側室だったお万《まん》の方《かた》が引き継いだ。そしてのちの御年寄《おとしより》にあたる女中が置かれた。しかし権力を持ちすぎた春日局時代の反省からか、その後、乳母の権力は低下。そして「女中法度《じょちゅうはっと》」によって御年寄の大奥支配が定められ、大奥は200年以上も幕府を支え続けた。

たとえ批判を受けても、目的のために確固たる信念を持ち続けることが大仕事を成す秘訣なのだ。

**教訓**

**盤石な組織の確立には強力な後ろ盾と確固たる信念が大切**

# 春日局の大奥創設

大奥をつくり「大奥《おおおく》法度《はっと》」を定めました
2代将軍。大奥は元々、将軍と御台所（正室）のための組織だった。
徳川秀忠《とくがわひでただ》
お江《ごう》（崇源院《すうげんいん》）
秀忠の御台所。家光の実の母。
阿茶局《あちゃのつぼね》
徳川家康の側室。お江を助け大奥をつくった。
春日局は、実の母以上に慈しんでくれました
3代将軍。御台所との間に子がいなかった。
徳川家光《とくがわいえみつ》
鷹司孝子《たかつかさたかこ》
家光の御台所。公家出身。
家光様の跡継ぎがいない。側室を探さなければ！
リーダー
春日局《かすがのつぼね》
家光の乳母。お江の死後、大奥の制度を改め、絶大な権勢を振るった。
家光の側室たち
町人の娘
お夏《なつ》の方
6代将軍家宣《いえのぶ》の父、徳川綱重《つなしげ》の母。
八百屋の娘
お玉《たま》の方
5代将軍綱吉《つなよし》の母。玉の輿の由来とも。
農民の娘
お楽《らく》の方
4代将軍家綱《いえつな》の母。幼名はお蘭。
春日局のあと、大奥を任され権勢を振るったわ
サブリーダー
お万《まん》の方《かた》
元は家光の側室。大奥の制度をさらに整えた。
のちの大奥女中の職制
御年寄《おとしより》
大奥の最高権力者。
上臈御年寄《じょうろうおとしより》
最高職だが、権力はない。
御右筆《おゆうひつ》
公文書管理を担当。
呉服《ごふく》の間《ま》
将軍の衣装を仕立てる。
表使《おもてづかい》
大奥で必要な物を手配。
中年寄《ちゅうどしより》
毎日の献立を指示。
若く美しい女性が集められましたよ
御中臈《おちゅうろう》
将軍の身辺世話役。この中から側室が選ばれるようになった。

Team No.28

江戸時代前期

# 家光六人衆と老中合議制

## 老中の権限が拡大し幕府の職制を確立する

リーダー

徳川家光《とくがわいえみつ》

サブリーダー

松平信綱《まつだいらのぶつな》

酒井忠勝《さかいただかつ》

結成年 1634年

(幕府機構の体制が整う)

解散年 1651年

(家光の死去)

●チーム紹介

職務を分担するため、老中の権限を拡大。老中には家光の優秀なブレーンたちが登用された。

### 将軍家光による幕府改変計画

「私は生まれながらの将軍である」と語ったとされる3代将軍家光《いえみつ》。大御所秀忠《ひでただ》の死後、家光の親政が始まったが、幕府内の重職である年寄《としより》を始め、幕僚には以前の重臣がまだ残っていた。そこで家光は幼い頃から見知っている松平信綱《まつだいらのぶつな》ら若手6名を「少々御用の儀」を扱う六人衆として任命。のちに4名が老中《ろうじゅう》となった。また、自身の将軍就任とともに大名に昇格した酒井忠勝《さかいただかつ》を老中に抜擢《ばってき》。こうして家光が望む親政スタイルが整った。なかでも忠勝と信綱は「余の右手は讃岐《さぬき》(忠勝)、左手は伊豆《いず》(信綱)」と家光から評されていた。

### 江戸幕府の基礎が整う

これまでは将軍と少数の側近が、政治のすべてを取り仕切る体制だったが、ここから先は政務を職によって分ける官僚制度が発展した。**かつての重臣は名誉職の大老《たいろう》に引き上げられ、政治の根幹に携わるのは老中に限定。そして老中には勘定奉行《かんじょうぶぎょう》、町奉行などの実働部隊を支配させ大名統制にあたらせた。**また年寄衆(のちの若年寄《わかどしより》)には秘書的な職務と旗本・御家人の統制にあたらせるなど、職によって政務を細かに分けたのである。

さらに具体的な政務については、老中たちが合議して将軍に裁決を仰ぐ合議制を採用することで、一人への権力の集中を防いだ。**江戸幕府は将軍一人による独裁政権のように思われがちだが、実際は組織化された官僚たちがそれぞれの職分で幕府を回すチーム制だったのだ。**

能力が突出していても一人でできる仕事には限界がある。複数人に業務を分担することで、組織はより盤石なものとなるのである。

**教訓**

**組織を強くするには**
**一人で抱えず**
**業務を分散するべし**

# 家光六人衆と老中合議制

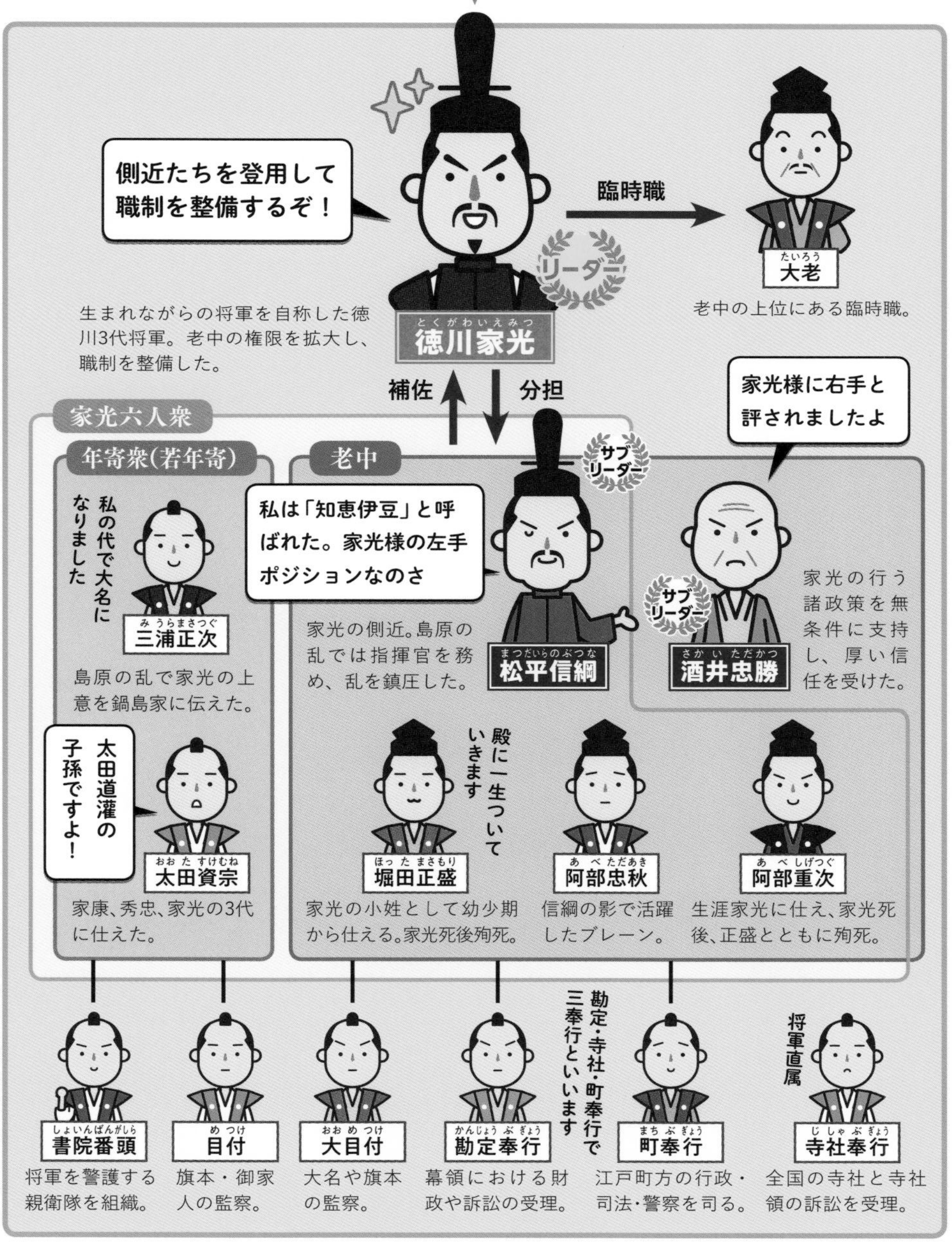
側近たちを登用して職制を整備するぞ！
リーダー
徳川家光《とくがわいえみつ》
生まれながらの将軍を自称した徳川3代将軍。老中の権限を拡大し、職制を整備した。
臨時職
大老《たいろう》
老中の上位にある臨時職。
補佐
分担
家光六人衆
年寄衆(若年寄)
私の代で大名になりました
三浦正次《みうらまさつぐ》
島原の乱で家光の上意を鍋島家に伝えた。
太田道灌の子孫ですよ！
太田資宗《おおたすけむね》
家康、秀忠、家光の3代に仕えた。
老中
サブリーダー
私は「知恵伊豆」と呼ばれた。家光様の左手ポジションなのさ
松平信綱《まつだいらのぶつな》
家光の側近。島原の乱では指揮官を務め、乱を鎮圧した。
家光様に右手と評されましたよ
サブリーダー
酒井忠勝《さかいただかつ》
家光の行う諸政策を無条件に支持し、厚い信任を受けた。
殿に一生ついていきます
堀田正盛《ほったまさもり》
家光の小姓として幼少期から仕える。家光死後殉死。
阿部忠秋《あべただあき》
信綱の影で活躍したブレーン。
阿部重次《あべしげつぐ》
生涯家光に仕え、家光死後、正盛とともに殉死。
書院番頭《しょいんばんがしら》
将軍を警護する親衛隊を組織。
目付《めつけ》
旗本・御家人の監察。
大目付《おおめつけ》
大名や旗本の監察。
勘定・寺社・町奉行で三奉行といいます
勘定奉行《かんじょうぶぎょう》
幕領における財政や訴訟の受理。
町奉行《まちぶぎょう》
江戸町方の行政・司法・警察を司る。
将軍直属
寺社奉行《じしゃぶぎょう》
全国の寺社と寺社領の訴訟を受理。

Team No.29
江戸時代中期

# 主君の仇討ちチーム赤穂47

## 急進派と穏健派、二分化する仇討ちチームをまとめる

### 赤穂藩を揺るがした大事件

赤穂《あこう》藩主の浅野内匠頭《あさのたくみのかみ》が江戸城松の廊下で吉良上野介《きらこうずけのすけ》を襲い切腹を命じられ、浅野家旧臣47名が仇討ちに向かった〝赤穂事件〟。仇討ち部隊のリーダーが筆頭家老である大石内蔵助《おおいしくらのすけ》だ。しかしこの討ち入り、すぐに始まったわけではない。事件が藩に伝わった時、家臣の間では意見が割れたのだ。堀部安兵衛《ほりべやすべえ》や奥田孫太夫《おくだまごだゆう》などの急進派は「すぐに仇討ちを」と声を上げ、大石や家老の安井彦右衛《やすいひこえ》門《もん》など穏健派は浅野家再興のために仇討ちに否定的。大石は急進派を宥《なだ》め2年近く耐え抜いた。そしていよいよ御家再興がかなわないと知った時、旧臣たちは京都に集結した。

### 選ばれた47名によるチームタッグ

京都に集まったのは19名。彼らは浅野家旧臣150名に「討ち入り中止」という嘘の情報を流した。真に受けたものは脱落、怒ったものには討ち入りの計画を伝える。このように覚悟を決めた人間だけを選抜したのだ。結果、残った人間は47名。

彼らは武芸に通じた人間ばかりだが、仇討ちを警戒している吉良邸の警備は頑丈。そこで**彼らは緻密な計画を練り、個人の特性を活かして屋外を守るものや、吉良邸の門を打ち破るもの、偵察、情報収集などと役割分担を行う。そして隠れていた吉良を発見して首を取り、見事に仇を討ったのだ。**彼らは切腹を命じられたが、時の将軍や江戸市民には喝采され、のちにこの事件は「忠臣蔵」という物語となった。

再興の夢が潰えてすぐ、目標を仇討ちに切り替えた彼らのように、当初の目標が駄目になれば、挫けずに次の目標を掲げる。それが組織を強くまとめるためのポイントである。

**教訓**

準備はとにかく周到に
計画と目標の切り替えも
時には必要な事

**リーダー**
大石内蔵助《おおいしくらのすけ》

**サブリーダー**
堀部安兵衛《ほりべやすべえ》

**結成年** 1702年
(吉良邸討ち入りの決定)

**解散年** 1703年
(赤穂浪士たちの切腹)

●チーム紹介
主君の仇とみなした吉良上野介を討ち取るため、志を一つにして吉良を討った浪人たち。

# 主君の仇討ちチーム赤穂47

確かに吉良は憎いが、それより浅野家の再興を優先すべきでは…
リーダー
大石内蔵助《おおいしくらのすけ》
赤穂浪士を束ねたリーダー。仇討ちの中心人物だが、浅野家再興を第一優先とし、直前まで討ち入りには消極的だった。
浅野家
浅野長広《あさのながひろ》
内匠頭亡き後の家督を継ぐが、改易。再興の望みを絶たれた。
浅野内匠頭《あさのたくみのかみ》
大石ら赤穂浪士の主人。殿中での傷害事件の咎で切腹を命じられ、赤穂事件のきっかけとなる。
刃傷
吉良上野介《きらこうずけのすけ》
赤穂浪士の仇とされた人物。内匠頭に嫌がらせを繰り返し、恨みを買ったといわれている。
穏健派
安井彦右衛門《やすいひこえもん》
穏健派の中心人物。大石とともに浅野家再興を図ったが、討ち入りには参加しなかった。
吉田忠左衛門《よしだちゅうざえもん》
穏健派代表として急進派の説得に当たった。最終的には大石に付き従い討ち入りにも参加。
小山源五左衛門《おやまげんござえもん》
浅野家再興に助力したが、討ち入りには参加しなかった。
対立
殿の無念は絶対に晴らす！
一刻も早く吉良を討つべきだ！
サブリーダー
堀部安兵衛《ほりべやすべえ》
真っ先に吉良家への討ち入りを提案した急進派のリーダー。仇討ちをめぐって大石と対立した。
仇討ちの助力を依頼
急進派
奥田孫太夫《おくだまごだゆう》
説得に当たった穏健派を逆に説き伏せ急進派に鞍替えさせた。
原惣右衛門《はらそうえもん》
かつては穏健派だったが、堀部らに同調し急進派に加わった。
片岡源五右衛門《かたおかげんごえもん》
急進派だったが、堀部との折り合いは悪かったという。
礒貝十郎左衛門《いそがいじゅうろうざえもん》
片岡と江戸に残り、仇討ちに向けての情報収集に奔走した。
寺坂吉右衛門《てらさかきちえもん》
討ち入り直前(直後？)に離脱し、赤穂浪士の中で唯一切腹を免れた。

Team No.30

江戸時代中期

# 徳川吉宗の行政文書仕分けプロジェクト

## 享保の改革で文字・記録の時代が到来

### 8代将軍吉宗による新改革

紀州藩主の徳川吉宗《とくがわよしむね》が将軍に立った時、幕府は財政難に陥っていた。そこで彼は幕府再興のため、「享保《きょうほう》の改革《かいかく》」を打ち出すことになる。

様々な政策が行われた享保の改革だが、なかでも力を入れたのは人材確保と官僚機構の整備だった。**家禄《かろく》でなく能力で人材を確保できる足高《たしだか》の制《せい》によって、能力の高い人間を積極的に登用。適材適所に人材を配置し、難局を乗り越えようとしたのだ。**

### 公文書の共有化で業務を効率的に

この時代は官僚たちによって仕事が属人化され、人材を確保しても仕事の能率が悪かった。そこで声を上げたのが室鳩巣《むろきゅうそう》と荻生徂徠《おぎゅうそらい》の儒学者2名だ。室鳩巣は各役職に書記官を置いて作業内容を書き取らせることを、荻生徂徠はその公文書を共有することを吉宗に献策した。**すべての部署で情報を文書化し共有。書き方もフォーマット化することで、誰が読んでもわかるように公文書を整備したのだ。**

下級武士から昇進した神尾春央《かんおはるひで》率いる勘定所が率先して公文書の整備を開始。9万冊を超える公文書を分類ごとに目録化した。これによって事務作業の効率がアップしたとされる。さらに各大名も家伝を文書としてまとめるようになったことで民間にも広がり、各地に地誌などが残されるきっかけとなる。享保の改革のすべてが成功したとは言い難いが、公文書の共有化は後々まで幕府の根幹を支え続けることになった。

書類はまとめるだけでなく、面倒でもそれを保管、アーカイブすることが大切。これだけで目前の仕事だけでなく未来の仕事の効率までアップするのである。

**教訓**

**アーカイブ化はすべての業務の根幹手を抜いてはいけない**

**リーダー**

**徳川吉宗《とくがわよしむね》**

**サブリーダー**

**荻生徂徠《おぎゅうそらい》**
**室鳩巣《むろきゅうそう》**

**結成年** 1716年
(享保の改革が始まる)

**解散年** 1745年
(徳川吉宗の隠居)

**●チーム紹介**

江戸城内に分散していた9万もの公文書を整理し、記録を徹底。業務効率を上げていった。

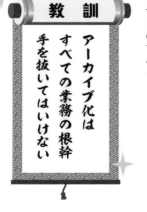

# 徳川吉宗の行政文書仕分けプロジェクト

公文書を整理し、残していくことが幕府の務めだ!!
リーダー
徳川吉宗《とくがわよしむね》
徳川8代将軍。享保の改革を実施し、公文書整理や新田開発、飢饉対策を行った。あだ名は米公方。
整理したら9万4200点以上もあったぞ…
オイ オイ…
側近
加納久通《かのうひさみち》
御用取次。吉宗の古くからの側近。
効率よく仕事をするために共有しましょうか
提案
提案
サブリーダー
荻生徂徠《おぎゅうそらい》
儒学者。吉宗からの諮問や改革に対する意見を、著書『政談』にまとめる。
書記は非常に大切な役割がありますよ
サブリーダー
室鳩巣《むろきゅうそう》
儒学者。幕府の職務に書記官を設置し、文書の記録を徹底させるよう吉宗に提言。
指示
町奉行
重要な法令をまとめていくぞ！
大岡忠相《おおおかただすけ》
町奉行。吉宗からの信頼が厚い。
役人たち
勘定奉行
文書を整理したから、すぐに過去の情報にあたれるようになったぞ
神尾春央《かんおはるひで》
勘定奉行。税収の強化を図る。
役人たち
農村まで広まる
これからは記憶よりも記録の時代だな！
村の決まりごとをちゃんと書いておくべ〜
農民たち

Team No.31

江戸時代後期

# 『解体新書』翻訳ミッション

## 日本医学の未来のためオランダ語の医学書を翻訳

### 医学のため立ち上がった医師たち

江戸時代における医療は、漢方による投薬や鍼灸《しんきゅう》などが中心だった。しかし江戸後期に差しかかる頃、西洋から医学書や解剖書がもたらされる。これを翻訳し日本に西洋医学を広めた人たちがいた。それが杉田玄白《すぎたげんぱく》を始めとする医師たちだ。

**杉田玄白、前野良沢《まえのりょうたく》、中川淳庵《なかがわじゅんあん》らは死刑囚の腑分け《ふわけ》（解体）を見学する機会に恵まれた。その時、西洋の解剖書『ターヘル・アナトミア』と実際の人体を見比べ、本の正確さに感動。彼らは「医学の進歩のためにもぜひ翻訳を」と立ち上がる**が、問題は言葉の壁だった。

### 医学だけでなく西洋学の発展にも

杉田玄白はオランダ語に弱く、頼みの綱は語学に強い前野良沢。しかし初めて目にする言葉を前に、彼らの翻訳作業は難航した。また翻訳と同時進行で、玄白は事前に人体図だけを本にした『解体約図《かいたいやくず》』を出すなど、プロモーションに奔走する。

しかし発刊直前、良沢が「完璧な訳になるまで本は出さない」と言い出した。玄白はこれに呆れ、彼の名前を出さないことを条件に発刊にこぎつける。これは玄白が日本の医学のため1日も早く発刊したかったためとも、もし失敗した時に良沢に被害が及ばないようにした、ともいわれている。

こうして努力の結晶というべき、日本初の解剖学書『解体新書《かいたいしんしょ》』が誕生。蘭和辞書もない時代につくられた**翻訳本は医学の発展に大きな功績を残しただけでなく、オランダ語の学問、蘭学の発展にもつながり、鎖国中の日本に西洋の知識が広まるきっかけになった。**飽くなき探究は新たなる知識の発展に寄与するのだ。

**教訓**

**強い信念と探究は後世へとつながる成果を生み出す**

**リーダー**

**杉田玄白《すぎたげんぱく》**

**サブリーダー**

**前野良沢《まえのりょうたく》**
**中川淳庵《なかがわじゅんあん》**

**結成年** 1771年
（西洋医学書の翻訳開始）

**解散年** 1774年
（『解体新書』を刊行する）

●チーム紹介

情熱を持った蘭方医たちが集い、ほとんどの単語が読めないような状況から翻訳を完成させた。

# 『解体新書』翻訳ミッション

江戸時代後期の蘭方医《らんぽうい》。前野良沢、中川淳庵らとともに約4年をかけて『ターヘル・アナトミア』を翻訳した。
私の名前だけ有名だけど本当は医者仲間で頑張ったのだよ
リーダー
杉田玄白《すぎたげんぱく》
神経や動脈、軟骨などの言葉は、この時に生まれたんだ
じつは私が最初に翻訳しようと決意したのだ
同僚
誘う
翻訳
『ターヘル・アナトミア』
サブリーダー
中川淳庵《なかがわじゅんあん》
翻訳
翻訳
サブリーダー
前野良沢《まえのりょうたく》
蘭方医。翻訳の中心メンバーの一人。薬草を研究する本草学の第一人者でもある。
ドイツ人が書いた医学書のオランダ語版。和名は『解体新書』。のちの日本医学の発展に大きな影響を与えた。
蘭方医。翻訳の中心人物だが完成品に納得出来ず、自身の名前を掲載しなかった。
絵図から推測して1語ずつ…地道な作業だ！
翻訳
校正
絵図
人間の身体って、こうなっているのですね
秋田藩士
蘭方医。最年少で初期から翻訳に参加していた。
桂川甫周《かつらがわほしゅう》
蘭方医。翻訳後の校正作業から参加した。
石川玄常《いしかわげんじょう》
小田野直武《おだのなおたけ》
『解体新書』の絵図を担当し、秋田蘭画《らんが》というジャンルを確立。
オランダ語を教示
弟子
『解体新書』を改訂した
大槻玄沢《おおつきげんたく》
杉田玄白と前野良沢の弟子。蘭学の入門書『蘭《らん》学階梯《がくかいてい》』を著した。
蘭学を保護する
田沼意次《たぬまおきつぐ》
側用人から老中となり幕政を動かした。貿易推進のために蘭学を奨励。
交流
私が玄白に小田野君を紹介したのさ
平賀源内《ひらがげんない》
発明家、文学者、蘭学者の肩書きを持つ。小田野の絵の師匠。
青木昆陽《あおきこんよう》
サツマイモを全国に普及させた。蘭学の祖としても知られる。

Team No.32

江戸時代後期

# 名プロデューサー蔦屋重三郎と文人ネットワーク

## 江戸後期の町人文化を発展させた出版人たち

**リーダー**
蔦屋重三郎《つたやじゅうざぶろう》

**サブリーダー**
山東京伝《さんとうきょうでん》

**結成年** 1773年
（吉原大門の前に書店を開く）

**解散年** 1797年
（蔦屋重三郎の死去）

**●チーム紹介**
出版界の大物である蔦屋重三郎が見出した作家たちにより、江戸文化はさらなる発展を遂げる。

### 江戸の名プロデューサー誕生

現代に負けないくらいトレンドに敏感で、多くの商品が生み出された江戸時代後期、その成熟した文化をリードしたのが蔦屋重三郎《つたやじゅうざぶろう》だ。

遊郭で育った彼は吉原に耕書堂《こうしょどう》という書店を開き、吉原ガイドブック『吉原細見《よしわらさいけん》』を出版。有名作家の平賀源内《ひらがげんない》に文章を付けてもらうことで、この本は大ヒットを飛ばした。

### 蔦屋に見出された著名絵師たち

**蔦屋は江戸市民の流行を察知し、キャッチーな作品を生み出せるクリエーターを発掘する能力に長けていた。**彼は美しい浮世絵に狂歌を添えた狂歌絵本を企画・出版し、これも大成功。浮世絵の絵師と交流し、美人画で有名な喜多川歌麿《きたがわうたまろ》、役者絵で知られる東洲斎写楽《とうしゅうさいしゃらく》、作家の山東京伝《さんとうきょうでん》などのヒットメーカーを見つけて育てあげたのである。

特に写楽は当時、誰も知らない新人絵師だった。彼は大首絵《おおくびえ》と呼ばれる役者絵を描き、人々の心を鷲掴みにした。しかし写楽はたった10ヶ月で姿を消した。この引退劇さえ蔦屋のプロデュースの一環だったのかもしれない。そして写楽風の大首絵を使って美人画を描いた喜多川歌麿や、戯作者《げさくしゃ》の山東京伝による絵付きの読み物「黄表紙《きびょうし》」も人々を熱狂させた。

**そんな蔦屋の成功の秘訣は、彼の持つ先見の明だけでなく、オーダーを的確に叶える作家との二人三脚にある。**こうして蔦屋一門は江戸出版界のトップに立ち続けた。彼らの作品は今もなお、日本だけでなく世界中で高い評価を受けている。

流行を掴むためには、日頃からアンテナを張りめぐらせて世情を読み解くこと。そんな努力がヒットにつながるアイデアを生み出すのだ。

**教訓**

**流行を読み解くカギは**
**常に自分の前にある**
**見落とさないように**

# 名プロデューサー蔦屋重三郎と文人ネットワーク

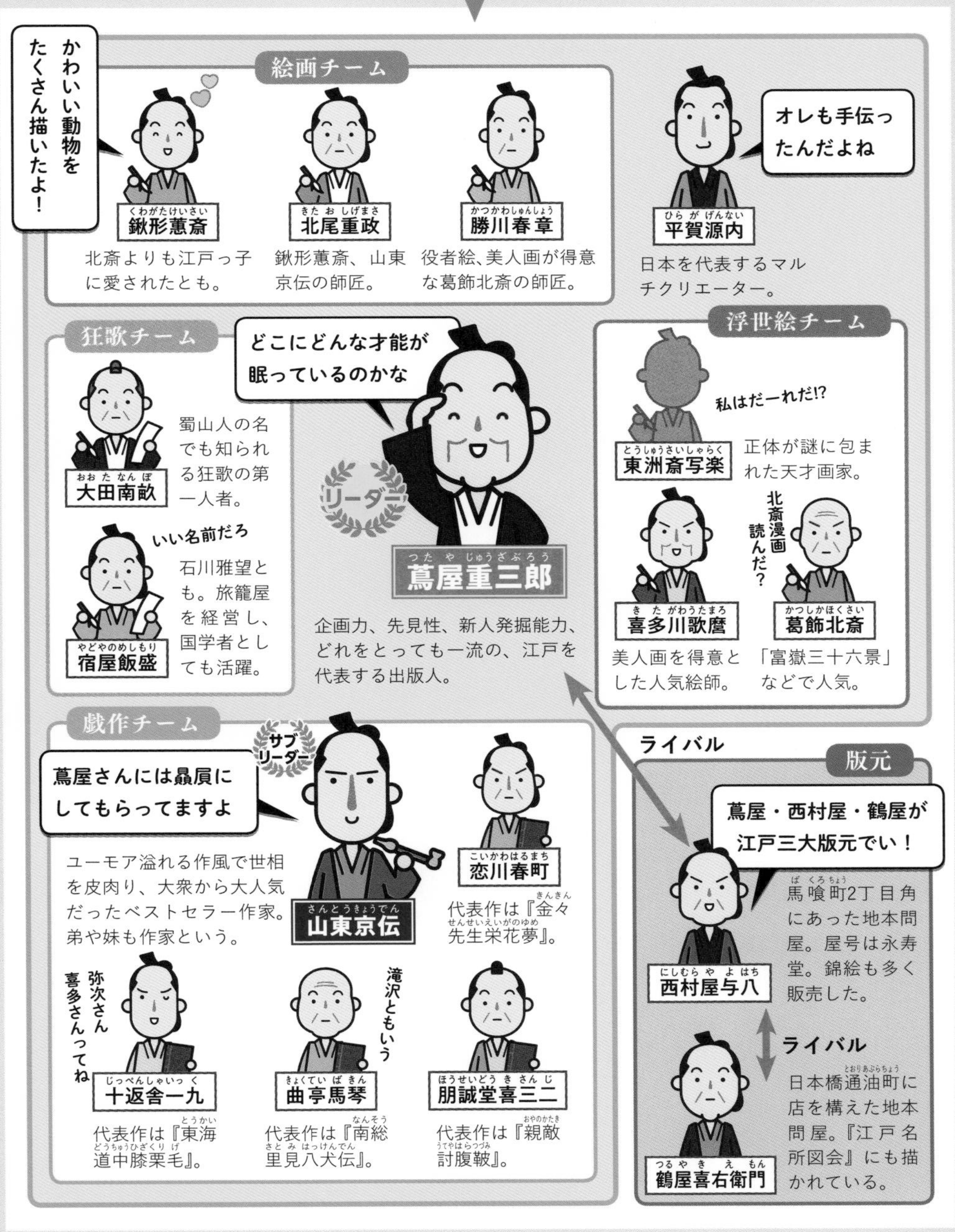

絵画チーム
かわいい動物をたくさん描いたよ!
鍬形蕙斎《くわがたけいさい》
北斎よりも江戸っ子に愛されたとも。
北尾重政《きたおしげまさ》
鍬形蕙斎、山東京伝の師匠。
勝川春章《かつかわしゅんしょう》
役者絵、美人画が得意な葛飾北斎の師匠。
オレも手伝ったんだよね
平賀源内《ひらがげんない》
日本を代表するマルチクリエーター。
狂歌チーム
大田南畝《おおたなんぽ》
蜀山人の名でも知られる狂歌の第一人者。
いい名前だろ
宿屋飯盛《やどやのめしもり》
石川雅望とも。旅籠屋を経営し、国学者としても活躍。
どこにどんな才能が眠っているのかな
リーダー
蔦屋重三郎《つたやじゅうざぶろう》
企画力、先見性、新人発掘能力、どれをとっても一流の、江戸を代表する出版人。
浮世絵チーム
私はだーれだ!?
東洲斎写楽《とうしゅうさいしゃらく》
正体が謎に包まれた天才画家。
北斎漫画読んだ?
喜多川歌麿《きたがわうたまろ》
美人画を得意とした人気絵師。
葛飾北斎《かつしかほくさい》
「富嶽三十六景」などで人気。
戯作チーム
サブリーダー
蔦屋さんには贔屓にしてもらってますよ
山東京伝《さんとうきょうでん》
ユーモア溢れる作風で世相を皮肉り、大衆から大人気だったベストセラー作家。弟や妹も作家という。
恋川春町《こいかわはるまち》
代表作は『金々《きんきん》先生栄花夢《せんせいえいがのゆめ》』。
弥次さん喜多さんってね
十返舎一九《じっぺんしゃいっく》
代表作は『東海《とうかい》道中膝栗毛《どうちゅうひざくりげ》』。
滝沢ともいう
曲亭馬琴《きょくていばきん》
代表作は『南総《なんそう》里見八犬伝《さとみはっけんでん》』。
朋誠堂喜三二《ほうせいどうきさんじ》
代表作は『親敵《おやのかたき》討腹鞁《うてやはらつづみ》』。
ライバル
版元
蔦屋・西村屋・鶴屋が江戸三大版元でい!
西村屋与八《にしむらやよはち》
馬喰町《ばくろちょう》2丁目角にあった地本問屋。屋号は永寿堂。錦絵も多く販売した。
ライバル
鶴屋喜右衛門《つるやきえもん》
日本橋通油町《とおりあぶらちょう》に店を構えた地本問屋。『江戸名所図会』にも描かれている。

Team No.33
江戸時代後期

# 日本列島測量プロジェクト

## 第二の人生をかけて“日本のかたち”を明らかにした

**リーダー**
**伊能忠敬《いのうただたか》**

**サブリーダー**
**伊能秀蔵《いのうしゅうぞう》**（のちに勘当）
**平山郡蔵《ひらやまぐんぞう》**（のちに破門）

**結成年** 1800年
（第一次測量の開始）

**解散年** 1821年
（『大日本沿海輿地全図』完成）

●チーム紹介
日本を測量し、地図を作成。途中、幕府の公営事業となり、測量がスムーズにいくようになった。

### 50歳を超えて学問を志す

江戸後期、齢51にして壮大な志を抱いた男がいる。伊能忠敬《いのうただたか》、のちに『大日本沿海輿地全図《だいにほんえんかいよちぜんず》』をつくり出す測量チームの中心人物である。

下総の佐原で酒造などを営む傍ら、暦学や天文学を独学していた彼は、隠居後、江戸に出て幕府の天文学者であり19歳年少の高橋至時《たかはしよしとき》に弟子入り。この師弟には「完璧な暦をつくりたい」という夢があった。しかしそれには地球の外周を知る必要がある。**蝦夷地《えぞち》（北海道）の広さがわかれば、地球の外周を目算できると至時から聞いた忠敬は、蝦夷地測量を発案**。幕府から測量許可を得ると、息子の秀蔵《しゅうぞう》、弟子の平山宗平《ひらやましゅうへい》など親しい若者を連れ蝦夷地へ旅立った。

### 苦難を乗り越えつくった日本地図

徒歩で蝦夷地の測量を終えた忠敬たちは休む間もなく本州東海岸の測量を開始。11代将軍家斉《いえなり》が地図の出来栄えを称賛したことで、忠敬は幕臣（御家人）に取り上げられ、このプロジェクトは幕府公認のものとなった。

この後、測量チームは西国、四国、九州、対馬にいたるまで17年もの間、日本を徒歩で測量。至時の死去、副隊長格の平山郡蔵《ひらやまぐんぞう》を破門するなど様々なトラブルがあっても彼らは足を止めなかった。しかし完成まであと少しという所で忠敬が死去。至時の息子、**高橋景保《たかはしかげやす》を始めとする測量チームは、忠敬の遺志を継ぎ、死の3年後に地図を完成させた。踏破した距離は約4万km。測量を始めるきっかけの地球一周と同じ距離だった。**

支えてくれる家族や協力者がいれば、人はいくつになっても新しいことに挑戦できる。忠敬の人生がそれを教えてくれる。

**教訓**
**新しいチャレンジを始めることに年齢は関係ない**

# 日本列島測量プロジェクト

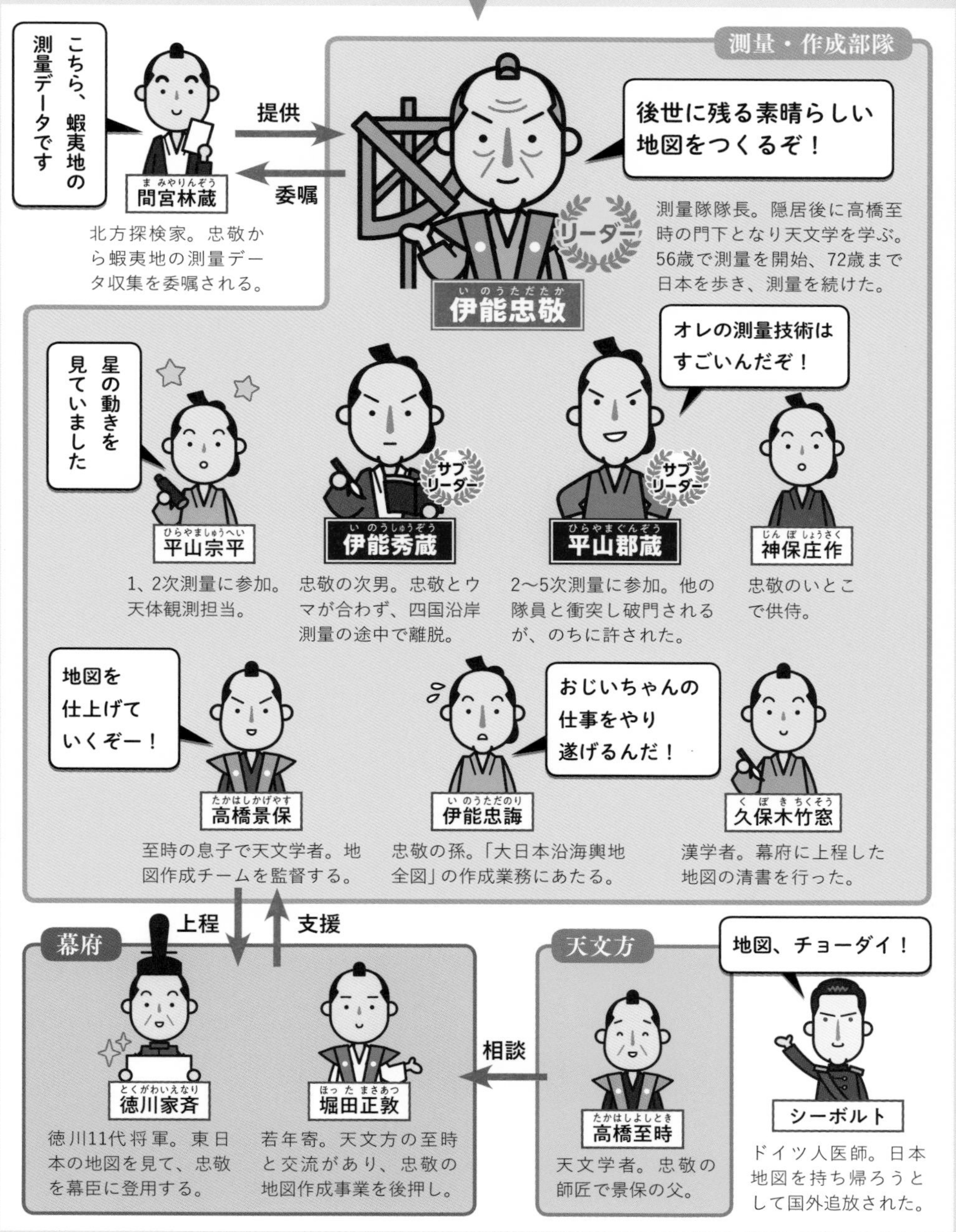
測量・作成部隊
こちら、蝦夷地の測量データです
間宮林蔵《まみやりんぞう》
北方探検家。忠敬から蝦夷地の測量データ収集を委嘱される。
提供
委嘱
後世に残る素晴らしい地図をつくるぞ！
リーダー
伊能忠敬《いのうただたか》
測量隊隊長。隠居後に高橋至時の門下となり天文学を学ぶ。56歳で測量を開始、72歳まで日本を歩き、測量を続けた。
星の動きを見ていました
平山宗平《ひらやましゅうへい》
1、2次測量に参加。天体観測担当。
サブリーダー
伊能秀蔵《いのうしゅうぞう》
忠敬の次男。忠敬とウマが合わず、四国沿岸測量の途中で離脱。
オレの測量技術はすごいんだぞ！
サブリーダー
平山郡蔵《ひらやまぐんぞう》
2〜5次測量に参加。他の隊員と衝突し破門されるが、のちに許された。
神保庄作《じんぼしょうさく》
忠敬のいとこで供侍。
地図を仕上げていくぞー！
高橋景保《たかはしかげやす》
至時の息子で天文学者。地図作成チームを監督する。
おじいちゃんの仕事をやり遂げるんだ！
伊能忠誨《いのうただのり》
忠敬の孫。「大日本沿海輿地全図」の作成業務にあたる。
久保木竹窓《くぼきちくそう》
漢学者。幕府に上程した地図の清書を行った。
上程
支援
幕府
徳川家斉《とくがわいえなり》
徳川11代将軍。東日本の地図を見て、忠敬を幕臣に登用する。
堀田正敦《ほったまさあつ》
若年寄。天文方の至時と交流があり、忠敬の地図作成事業を後押し。
相談
天文方
高橋至時《たかはしよしとき》
天文学者。忠敬の師匠で景保の父。
地図、チョーダイ！
シーボルト
ドイツ人医師。日本地図を持ち帰ろうとして国外追放された。

Team No.34

江戸時代末期

# 対ペリー幕府応接掛

## 理不尽な交渉を跳ね返し日本側の主張も通した

### 入念に準備された対アメリカ交渉

幕末の日本を震撼させた黒船来航事件。2度目のペリー来航は前年に予告されたものであり、幕府はある程度冷静だったため（まさか年始に来るとは思っていなかったが）、どこに入港させ交渉をするのかなど、入念な準備をしていた。江戸への上陸を望むペリーの意見を跳ねのけ、横浜村に誘導。この交渉に当たったのが応接掛《おうせつがかり》（全権大使）である。

### 日本を守った応接掛の覚悟

老中首座の阿部正弘《あべまさひろ》は、儒学者の林大学頭《はやしだいがくのかみ》（復斎《ふくさい》）や、元長崎奉行で外国人の対応に慣れている井戸覚弘《いどさとひろ》などを選抜。アメリカ側は当初、乗組員や難破船の救済や食料供給などの人道支援を求めてきた。しかしアメリカの本音は日本の開国に加え交易だ。それをわかっていた林は「交易は人道と関係ない」と一蹴。ペリーもこれには黙るしかなかった。**こうして日米和親条約《にちべいわしんじょうやく》が結ばれたが、内容は人道支援が中心で交易は含まれない。**ペリーからするととんだ番狂わせの結果であった。

林はもちろん、この場に集まった交渉係は肝が座った人間ばかりだ。伊沢美作守《いざわみまさかのかみ》は交渉開始と同時に扇子《せんす》を鳴らしアメリカ人を驚かせたという。彼らに感銘を受け、応接室を警護するべく決死隊を連れてきた男もいたが「ここではなく江戸の警護を厚くするべきだ」と拒否されたと記録に残っている。**応接掛は命を捨てる覚悟で集まっていた。彼らは武力ではなく知恵で日本を守ったのだ。**

しかし彼らが未知の強敵と堂々と戦えたのは事前準備があってこそ。細やかな情報収集と準備を徹底すれば、どんな強敵との話し合いにも堂々と渡り合えるのだ。

**教訓**

**準備を入念に行えば**
**どんな相手だとしても**
**対等に渡り合える**

**リーダー**
林大学頭《はやしだいがくのかみ》

**サブリーダー**
井戸覚弘《いどさとひろ》

**結成年** 1854年
（応接掛がつくられる）

**解散年** 1854年
（ペリーとの交渉終了）

**●チーム紹介**
ペリーの要求に対して、開港を認めつつも日本の面子をそれなりに保った条約を締結させた応接掛。

# 対ペリー幕府応接掛

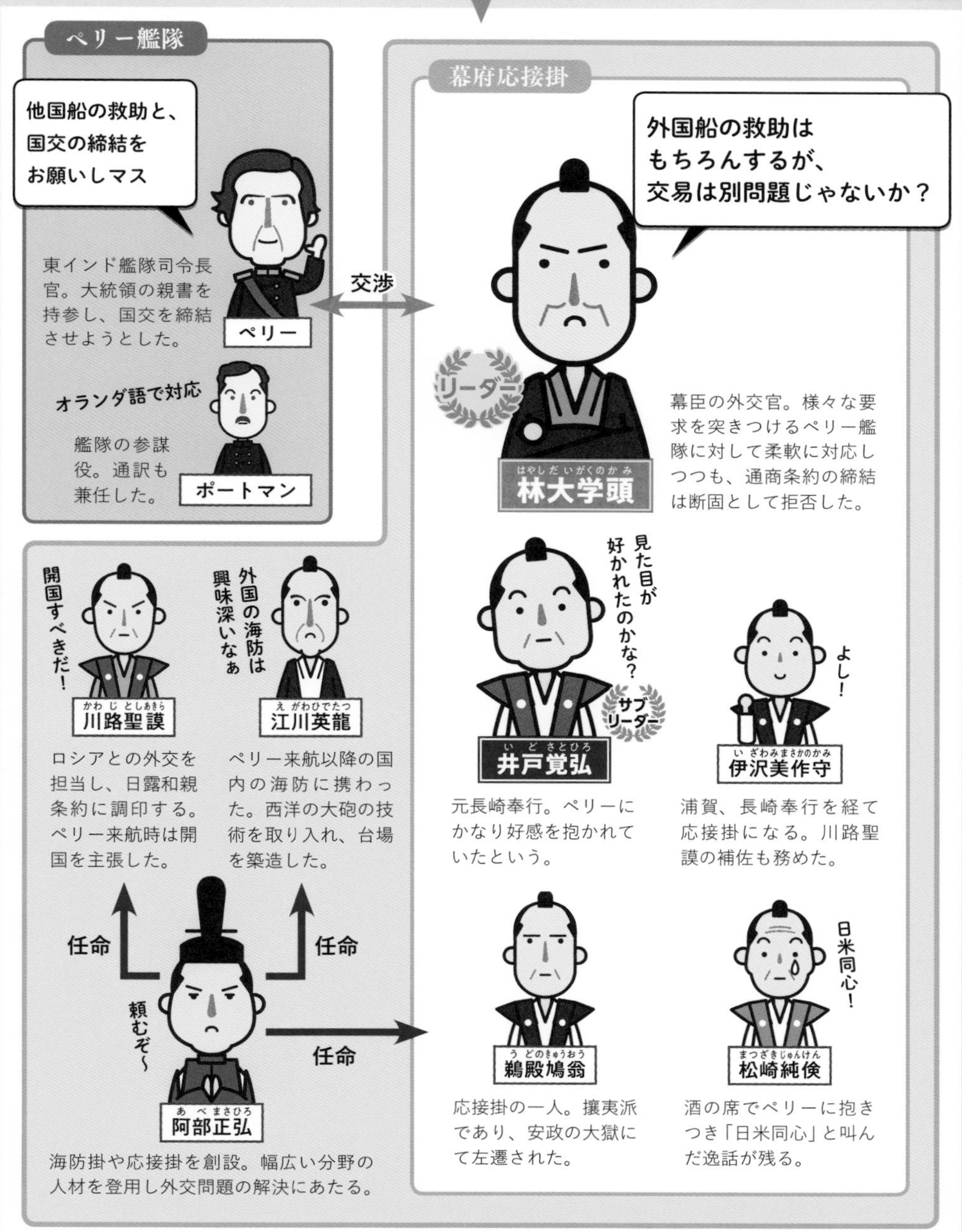
ペリー艦隊
他国船の救助と、国交の締結をお願いしマス
東インド艦隊司令長官。大統領の親書を持参し、国交を締結させようとした。
ペリー
オランダ語で対応
艦隊の参謀役。通訳も兼任した。
ポートマン
交渉
幕府応接掛
外国船の救助はもちろんするが、交易は別問題じゃないか？
リーダー
林《はやし》大学頭《だいがくのかみ》
幕臣の外交官。様々な要求を突きつけるペリー艦隊に対して柔軟に対応しつつも、通商条約の締結は断固として拒否した。
開国すべきだ！
川路聖謨《かわじとしあきら》
ロシアとの外交を担当し、日露和親条約に調印する。ペリー来航時は開国を主張した。
外国の海防は興味深いなぁ
江川英龍《えがわひでたつ》
ペリー来航以降の国内の海防に携わった。西洋の大砲の技術を取り入れ、台場を築造した。
見た目が好かれたのかな？
サブリーダー
井戸覚弘《いどさとひろ》
元長崎奉行。ペリーにかなり好感を抱かれていたという。
よし！
伊沢美作守《いざわみまさかのかみ》
浦賀、長崎奉行を経て応接掛になる。川路聖謨の補佐も務めた。
任命
任命
頼むぞ〜
任命
阿部正弘《あべまさひろ》
海防掛や応接掛を創設。幅広い分野の人材を登用し外交問題の解決にあたる。
鵜殿鳩翁《うどのきゅうおう》
応接掛の一人。攘夷派であり、安政の大獄にて左遷された。
日米同心！
松崎純倹《まつざきじゅんけん》
酒の席でペリーに抱きつき「日米同心」と叫んだ逸話が残る。

Team No.35
江戸時代末期

# 尊王攘夷熱血指導！幕末の志士養成スクール

## 塾生の個性に向き合い尊王攘夷派の志士たちを育成

### 長州に誕生した伝説の私塾

黒船来航以降、日本では天皇を敬い、外国人を追い出そうという尊王《そんのう》攘夷《じょうい》活動が活発化する。その思想を持つ志士を育てた学び舎が、長州《ちょうしゅう》で吉田松陰《よしだしょういん》が開いた松下村塾《しょうかそんじゅく》である。

松陰はかつてアメリカへの渡航を図って失敗、投獄された経験を持つ。**しかし萩での投獄中、囚人相手に『孟子《もうし》』の講義を開いて評判を呼んだ。出獄後、彼を慕って生徒が集まり、彼は叔父の玉木文之進《たまきぶんのしん》が創設した松下村塾を継いで若者を育てた。**

### 自由な教えが時代をつくった

身分によって教育格差のあったこの時代、彼の私塾は塾生を幅広く受け入れた。

約2年という短い期間で育てた塾生は90名ほど。教育が人をつくるという言葉の通り、松陰の薫陶《くんとう》を受けたのは後世に名を残した人物が多い。長州の代表的な尊王攘夷の志士であり、全国の志士に影響を与えた久坂玄瑞《くさかげんずい》や高杉晋作《たかすぎしんさく》。明治時代に内閣総理大臣となる伊藤博文《いとうひろぶみ》、山県有朋《やまがたありとも》。薩長同盟の立役者でもある木戸孝允《きどたかよし》は塾生ではないものの、松陰の教えを受けた門下生の一人だった。

松陰は、誠の心で動けば必ず人は動くという〝至誠《しせい》〟を唱えた。この言葉の通り、松陰の心に動かされた門下生たちの手で、明治維新が達成された。松陰は安政《あんせい》の大獄《たいごく》で刑死してしまうが、彼の育てた志士たちが日本の歴史を動かしたのである。

**松下村塾での学びは、塾生一人ひとりの個性を尊重し何が自分にできるのかを思考させ、討論を重視する自由な教育方法だった。**教育でもっとも大切なのは押し付けではなく、生徒の主体性と個性を伸ばすことである。

**教訓**

**個性を尊重することで主体性の育成につながりイノベーションが起きる**

**リーダー**

吉田松陰《よしだしょういん》

**サブリーダー**

高杉晋作《たかすぎしんさく》

**結成年** 1857年
（吉田松陰の松下村塾開校）

**解散年** 1859年
（吉田松陰の処刑）

**●チーム紹介**

吉田松陰が、身分を問わずに若者たちを教育。教え子たちは後に時代を変える草莽の志士となる。

# 尊王攘夷熱血指導！幕末の志士養成スクール

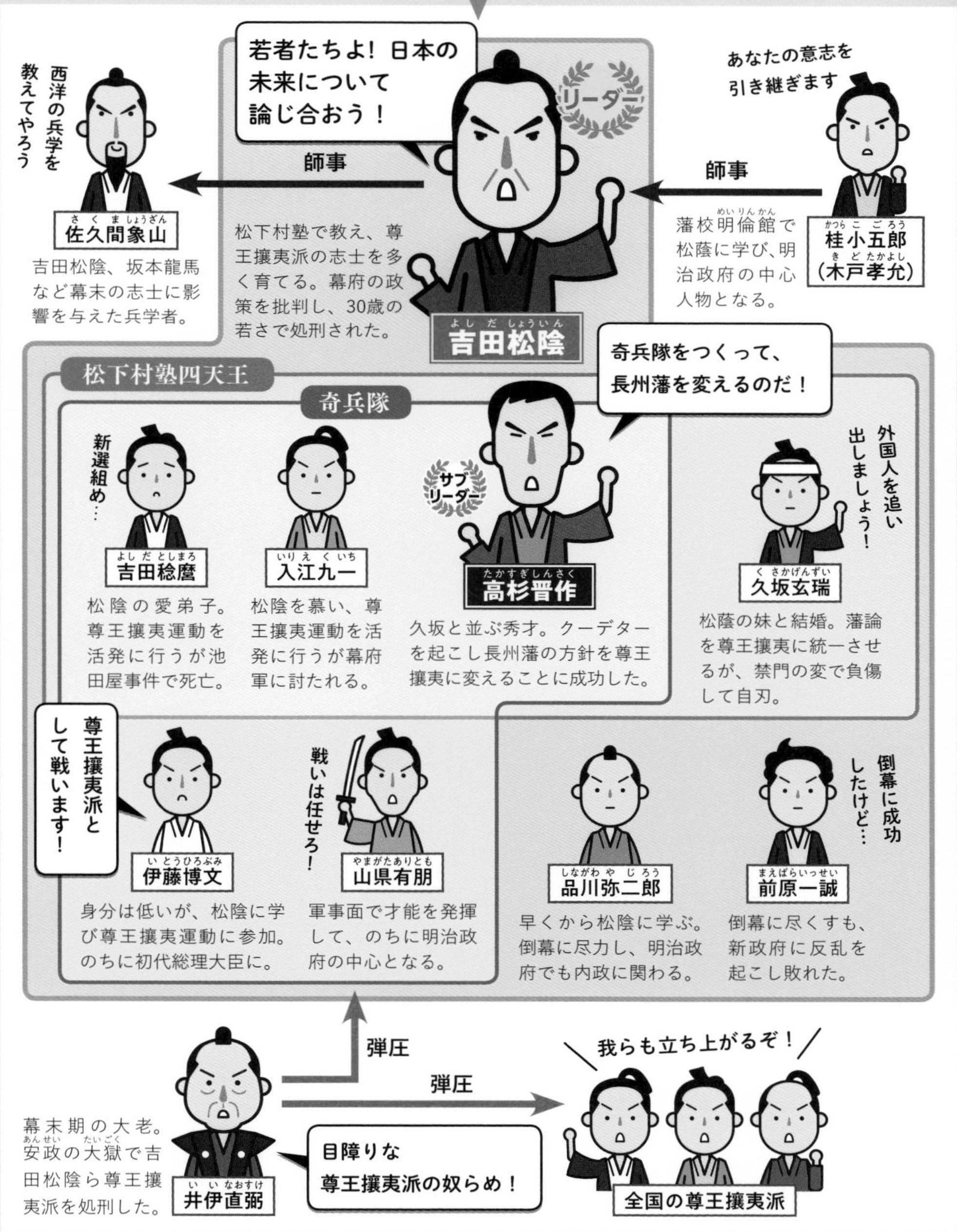

若者たちよ！日本の
未来について
論じ合おう！
リーダー
吉田《よしだ》松陰《しょういん》
松下村塾で教え、尊王攘夷派の志士を多く育てる。幕府の政策を批判し、30歳の若さで処刑された。
師事
西洋の兵学を
教えてやろう
佐久間象山《さくましょうざん》
吉田松陰、坂本龍馬など幕末の志士に影響を与えた兵学者。
師事
あなたの意志を
引き継ぎます
桂小五郎《かつらこごろう》
（木戸孝允《きどたかよし》）
藩校明倫館《めいりんかん》で松蔭に学び、明治政府の中心人物となる。
松下村塾四天王
奇兵隊
奇兵隊をつくって、
長州藩を変えるのだ！
サブリーダー
高杉晋作《たかすぎしんさく》
久坂と並ぶ秀才。クーデターを起こし長州藩の方針を尊王攘夷に変えることに成功した。
新選組め…
吉田稔麿《よしだとしまろ》
松陰の愛弟子。尊王攘夷運動を活発に行うが池田屋事件で死亡。
入江九一《いりえくいち》
松陰を慕い、尊王攘夷運動を活発に行うが幕府軍に討たれる。
外国人を追い
出しましょう！
久坂玄瑞《くさかげんずい》
松蔭の妹と結婚。藩論を尊王攘夷に統一させるが、禁門の変で負傷して自刃。
尊王攘夷派と
して戦います！
伊藤博文《いとうひろぶみ》
身分は低いが、松陰に学び尊王攘夷運動に参加。のちに初代総理大臣に。
戦いは任せろ！
山県有朋《やまがたありとも》
軍事面で才能を発揮して、のちに明治政府の中心となる。
品川弥二郎《しながわやじろう》
早くから松陰に学ぶ。倒幕に尽力し、明治政府でも内政に関わる。
倒幕に成功
したけど…
前原一誠《まえばらいっせい》
倒幕に尽くすも、新政府に反乱を起こし敗れた。
弾圧
弾圧
我らも立ち上がるぞ！
全国の尊王攘夷派
目障りな
尊王攘夷派の奴らめ！
井伊直弼《いいなおすけ》
幕末期の大老。安政《あんせい》の大獄《たいごく》で吉田松陰ら尊王攘夷派を処刑した。

Team No.36

江戸時代末期

# 京都治安維持部隊「新選組」

## 京都の治安維持のため幕府に仇なす者を粛清

### 京都の警備隊「壬生浪士組」

世の中に尊王攘夷《そんのうじょうい》の風が吹き荒れ、倒幕の声が上がり始める幕末期。京都では尊攘派によるテロが続出し開国派が暗殺される事件が立て続けに起こっていた。そんな京都の治安維持と不逞《ふてい》浪士の警戒に当たる、京都守護職会津藩指揮下の警備隊が存在した。彼らは壬生村《みぶむら》に駐屯したことから「壬生浪士組《みぶろうしぐみ》」と呼ばれた。

しかし集まった人間は血気盛んな若者ばかり。放っておけば派閥が生まれ無用な争いとなる。そこで彼らは隊の規律を守るため、階級と規則を定めて隊を「新選組」として組織化することを考えた。

### 新選組の誕生

局長は芹沢鴨《せりざわかも》、近藤勇《こんどういさみ》、副長は土《ひじ》方歳三《かたとしぞう》、新見錦《しんみにしき》、山南敬介《さんなんけいすけ》と決定。**さらに局中法度《きょくちゅうはっと》と呼ばれる規則も決められた。内容は「士道に背いてはならない、金策をしてはならない、私闘を禁じる、局を脱することを許さず」など。規則に反すると切腹、または仲間の手による惨殺という厳しいものだった。**実際、局長筆頭の芹沢と副長の新見は、規則に反したとして近藤派によって惨殺。途中参加した参謀の伊東甲子太郎《いとうかしたろう》も新選組を分離させせようとした罪で暗殺されるのである。

規律は大変厳しいが非常に強いこの隊は倒幕派の志士たちを脅かし続けた。しかし明治維新を迎えると、彼らは逆賊として新政府軍に追われることに。近藤や土方らは最期まで旧幕府に仕え、新政府軍を相手に戦い抜いた。厳しい法度で培った組織力が彼らの底力となったのである。

一つの組織をつくり上げるのは、しっかりとした芯。ぶれない芯があれば組織はより強くなるのだ。

**教訓**

**個性派集団をまとめるには厳しい規律が必要**

**リーダー**
近藤勇《こんどういさみ》

**サブリーダー**
土方歳三《ひじかたとしぞう》

**結成年** 1863年
（壬生浪士組の結成）

**解散年** 1869年
（箱館戦争で旧幕府軍敗北）

**●チーム紹介**
苛烈なまでの隊内規律を定め、尊王攘夷運動を取り締まる役割を担った、幕府の治安維持部隊。

# 京都治安維持部隊「新選組」

芹沢鴨《せりざわかも》
初期の局長筆頭。粗暴な振る舞いを繰り返し、近藤派により粛清された。
局長
近藤勇《こんどういさみ》
リーダー
何者であろうとも
幕府を脅かすものは許さない！
新選組局長。官軍との戦いに敗れ、下総で捕らえられ、打ち首となった。
右腕的存在
土方歳三《ひじかたとしぞう》
サブリーダー
局内の掟に背くものは
徹底的に罰する！
新選組副長。「局中法度」に則り、厳格な規律を執行した。五稜郭で戦死。
組長（隊長）
一
沖田総司《おきたそうじ》
一番隊長。天才剣士だったが結核で夭逝。
二
誠
永倉新八《ながくらしんぱち》
二番隊長。のちに新選組の名誉回復に奔走する。
三
斎藤一《さいとうはじめ》
三番隊長。左利きの剣士。素性に謎が多い。
四
誠
今弁慶
松原忠司《まつばらちゅうじ》
四番隊長。薙刀を巧みに操ったという。
五
武田観柳斎《たけだかんりゅうさい》
五番隊長と文学師範を兼務。脱走して暗殺された。
六
誠
隊の良心
井上源三郎《いのうえげんざぶろう》
六番隊長。鳥羽・伏見の戦いで戦死する。
七
誠
槍が得意
谷三十郎《たにさんじゅうろう》
七番隊長。弟周平は近藤勇の養子となる。
八
藤堂平助《とうどうへいすけ》
八番隊長。伊東に同調したため粛清された。
九
誠
兄上…
鈴木三樹三郎《すずきみきさぶろう》
九番隊長。伊東の実弟であり、維新後も存命。
十
誠
原田左之助《はらださのすけ》
十番隊長。暗殺・闘争で活躍した槍の名手。
あいつ、
怪しい…
山崎烝《やまざきすすむ》
監察担当。資金調達、情報収集に才能を発揮した。
同調
伊東甲子太郎《いとうかしたろう》
参謀担当。分派により隊内の分裂を招き、暗殺された。
厳し過ぎる…
山南敬介《さんなんけいすけ》
古参の隊士だが、脱走を図り、切腹を命じられる。

Team No.37
江戸時代末期

# 徳川慶喜の江戸幕府再建プロジェクト

## 西洋の知識を取り込みながら幕府の改革を目指す

**リーダー**
**徳川慶喜《とくがわよしのぶ》**

**サブリーダー**
**小栗忠順《おぐりただまさ》**
**レオン・ロッシュ**

**結成年** 1867年
（大政奉還を行う）

**解散年** 1869年
（戊辰戦争が終結）

**●チーム紹介**
徳川家を中心に、近代的中央集権を目指した「大君制」国家構想を実現しようとした。

### 最後の将軍慶喜による幕政改革

徳川慶喜《とくがわよしのぶ》が将軍に就任した頃、すでに世の中は新時代に向けて大きく変わろうとしていた。だが慶喜も決して手をこまねいていたわけではない。フランスの支援を受けて幕府の体制を整え、倒幕派を抑え込もうと考えていた。これを慶応《けいおう》の改革という。

**慶喜の改革は、封建制度《ほうけんせいど》の撤廃や官僚システムの合理化。これまで長く続いてきた老中の合議制を取りやめ、将軍が大統領のような立場になるという、これまでにない大胆な幕政の変更だった。**

### 西洋の力を取り入れようとしたが…

この改革に率先して動いたのは親仏派の小栗忠順《おぐりただまさ》だ。彼はフランスとの連携を主張。他国と渡り合うために日本にも軍艦が必要であり、本格的な造船所をつくるべきだと訴えたのだ。彼はフランスの手を借りて横《よこ》須賀製鉄所《すかせいてつじょ》の建築を進めた。アドバイザーだったフランス公使レオン・ロッシュの存在もこの改革には欠かせない。彼は慶喜への助言、製鉄所や製糸工場をつくるための職人の手配など幕府に惜しみない支援を行い、改革の一端を担った。

さらにちょうどこの頃、**パリでは万博が開催され、幕府は日本として初めて参加する国際博覧会に、慶喜の代理として弟の徳川昭武《とくがわあきたけ》（渋沢栄一《しぶさわえいいち》も随行）を送り込み、国際社会に日本をアピールすることも忘れなかった。**こうして様々な方向から進めていた改革だが、新政府樹立によってすべては頓挫してしまう。

実行があと少し早ければ未来が変わっていたかもしれない慶応の改革。しかし、どれほど素晴らしい案でもタイミングがずれると水泡に帰してしまうのである。

**教訓**

優れた人材を集めても
タイミングを逃せば
失敗に終わる事もある

# 徳川慶喜の江戸幕府再建プロジェクト

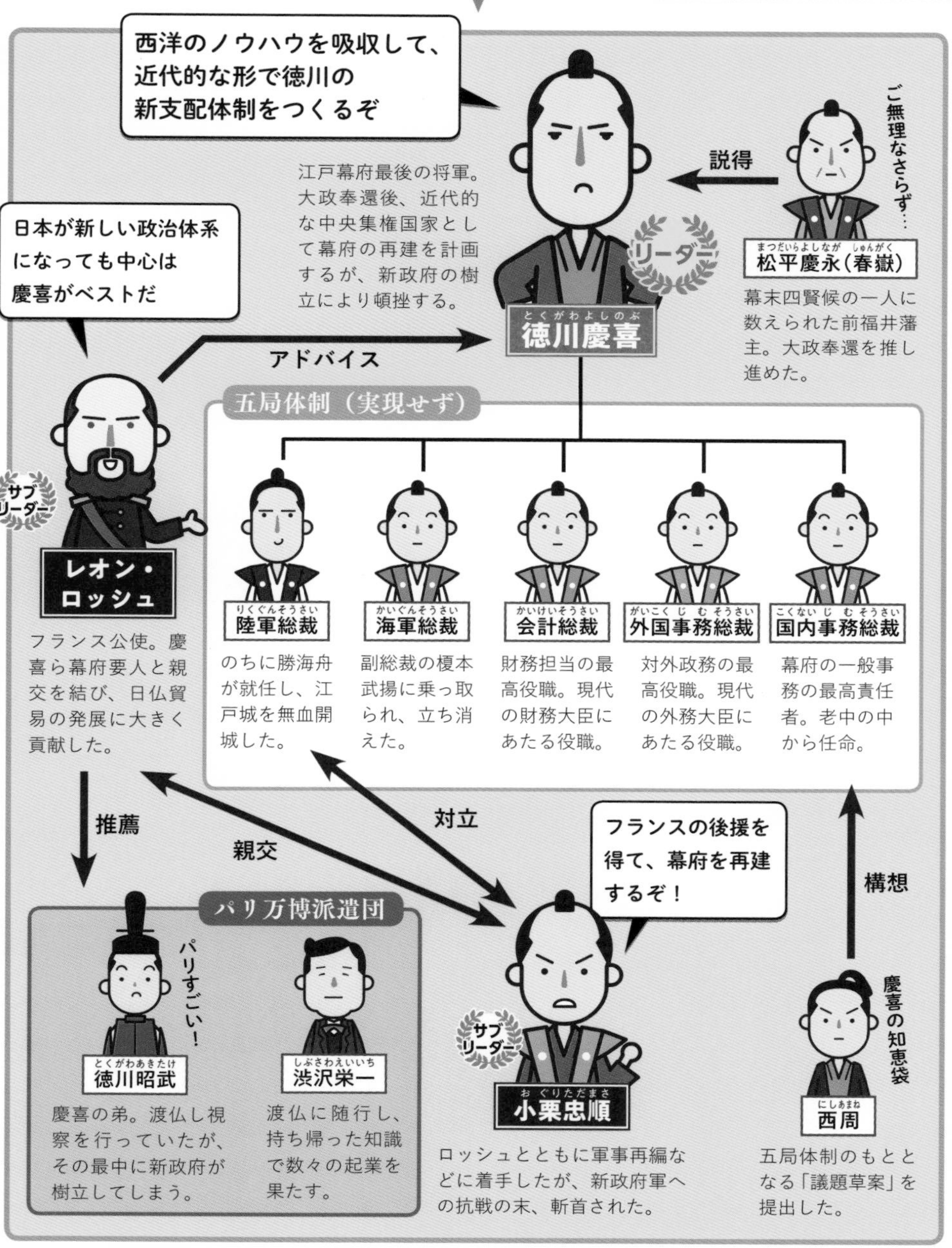

西洋のノウハウを吸収して、近代的な形で徳川の新支配体制をつくるぞ
江戸幕府最後の将軍。大政奉還後、近代的な中央集権国家として幕府の再建を計画するが、新政府の樹立により頓挫する。
リーダー
徳川慶喜《とくがわよしのぶ》
説得
ご無理なさらず…
松平慶永《まつだいらよしなが》（春嶽《しゅんがく》）
幕末四賢侯の一人に数えられた前福井藩主。大政奉還を推し進めた。
日本が新しい政治体系になっても中心は慶喜がベストだ
アドバイス
サブリーダー
レオン・ロッシュ
フランス公使。慶喜ら幕府要人と親交を結び、日仏貿易の発展に大きく貢献した。
五局体制（実現せず）
陸軍総裁《りくぐんそうさい》
のちに勝海舟が就任し、江戸城を無血開城した。
海軍総裁《かいぐんそうさい》
副総裁の榎本武揚に乗っ取られ、立ち消えた。
会計総裁《かいけいそうさい》
財務担当の最高役職。現代の財務大臣にあたる役職。
外国事務総裁《がいこくじむそうさい》
対外政務の最高役職。現代の外務大臣にあたる役職。
国内事務総裁《こくないじむそうさい》
幕府の一般事務の最高責任者。老中の中から任命。
推薦
親交
対立
構想
フランスの後援を得て、幕府を再建するぞ！
パリ万博派遣団
パリすごい！
徳川昭武《とくがわあきたけ》
慶喜の弟。渡仏し視察を行っていたが、その最中に新政府が樹立してしまう。
渋沢栄一《しぶさわえいいち》
渡仏に随行し、持ち帰った知識で数々の起業を果たす。
サブリーダー
小栗忠順《おぐりただまさ》
ロッシュとともに軍事再編などに着手したが、新政府軍への抗戦の末、斬首された。
慶喜の知恵袋
西周《にしあまね》
五局体制のもととなる「議題草案」を提出した。

Team No.38
江戸時代末期

# 王政復古のクーデター部隊

## 劣勢になった倒幕派が打った起死回生の一手

### 密かに進められた倒幕作戦

幕府が改革を目指している頃、薩摩藩と長州藩が密かに同盟を結んでいた。薩摩藩は大久保利通《おおくぼとしみち》と西郷隆盛《さいごうたかもり》、長州藩は木戸孝允《きどたかよし》（桂小五郎《かつらこごろう》から改名）、加えて公家の岩倉具視《いわくらともみ》が中心となり、幕府を倒して天皇のもとでの新政権発足を目指した。

幕府をかばい続けてきた孝明天皇《こうめいてんのう》が亡くなると、大久保らは勅命《ちょくめい》を偽造してまで幕府を倒そうとする。しかし、兵を起こす直前、徳川慶喜《とくがわよしのぶ》が政権を朝廷に返上。大政奉還《たいせいほうかん》が起きた。

### 追い詰められてクーデター決行

**しかし大政奉還後は、政権運営能力のない朝廷内で、再び慶喜に政治を任せようという動きが出てくる。切羽詰まった大久保らは武力を背景に、慶喜の官職（征夷大将軍・内大臣）と領地（幕領）の剥奪を計画。**元々連携していた広島藩に加え、土佐・尾張・福井の各藩を計画に引き込んだ。そして長州藩の朝敵解除が話し合われた朝議のあと、各藩に御所の門を封鎖させ、朝廷内で強引に「王政復古の大号令」を発令。慶喜を外して新政府を成立させた。

一旦引き下がった慶喜だが、西郷が江戸で仕掛けた騒乱などの挑発に乗り、年明けに新政府軍に対し挙兵、鳥羽・伏見の戦いとなった。こうして始まった戊辰戦争だが、新政府軍の圧倒的な力を前に旧幕府軍は総崩れ。結果、慶喜は江戸城を無血開城し、旧幕府軍の残党も翌年には箱館の五稜郭で完全制圧された。**当初の計画からは多少変わったものの、倒幕チームは目的を達成したのである。**まさに粘り勝ちだった。

計画が駄目になっても諦めず、次のチャンスで掴む。小さな機会を見逃さない目が時代を変えたのだ。

**教訓**

**少ないチャンスを掴み取るために諦めない心が大事**

**リーダー**
**大久保利通《おおくぼとしみち》**

**サブリーダー**
**西郷隆盛《さいごうたかもり》**

結成年 1867年
（徳川慶喜が大政奉還）

解散年 1868年
（江戸城無血開城）

●チーム紹介
徳川慶喜を政治から排除するために結成された薩摩・広島・土佐・尾張・福井藩連合部隊。

# 王政復古のクーデター部隊

朝敵が解除になれば…
木戸孝允《きどたかよし》
長州藩は朝敵のため、京に入れなかった。
薩摩藩
政権を奪うにはクーデターしかない！
リーダー
大久保利通《おおくぼとしみち》
武力討幕の準備を進める最中に徳川慶喜が大政奉還を行うが、諦めずにクーデターを実行。
慶喜は排除すべし！
新しい国をつくろう！
サブリーダー
西郷隆盛《さいごうたかもり》
大久保の考えに同調。徳川幕府を倒すためには武力を行使する強硬姿勢を貫く。
倒幕派公卿
フフフ…
岩倉具視《いわくらともみ》
大久保、西郷の考えに賛同し、倒幕派の公家を抱き込む。
中山忠能《なかやまただやす》・
正親町三条実愛《おおぎまちさんじょうさねなる》・
中御門経之《なかみかどつねゆき》
旧幕府勢力
クーデター計画、知っていたんだよね
徳川慶喜《とくがわよしのぶ》
政権を返上したのちは、徳川宗家を含む雄藩連合での政治を目指した。
朝廷には逆らえん…
ぐぬぬ…
松平容保《まつだいらかたもり》
会津藩主。最後まで幕府を支え続けた。
松平定敬《まつだいらさだあき》
桑名藩主。徳川慶勝と松平容保の弟。
協力体制
軍事同盟
公儀政体派
慶喜様も含めた諸侯みんなで政治を行いたい…
話が違う！
徳川慶勝《とくがわよしかつ》
御三家の前尾張藩主。勤王の精神が篤い。
松平慶永《まつだいらよしなが》（春嶽《しゅんがく》）
前福井藩主。慶喜に同情的な立場を取る。
山内豊信《やまうちとよしげ》（容堂《ようどう》）
前土佐藩主。クーデターを批判。
大政奉還を建白
浅野長勲《あさのながこと》
広島藩主。薩長と討幕の盟約を結ぶが、公儀政体派にも共感。

第4章

# 近代国家としての成長と対外戦争

明治・大正・昭和時代

| 時代 | 年 | 出来事 |
|---|---|---|
| 江戸 | 1868 | 五箇条の誓文が発布され、新政府の基本方針が示される |
| 明治時代 | | 明治に改元される |
| 明治時代 | 1869 | 版籍奉還が実施され、藩主は知藩事に任命される |
| 明治時代 | 1870 | 岩崎弥太郎が三菱の前身である九十九商会を創立する ⬇P108 |
| 明治時代 | 1871 | 岩倉具視らにより太政官制が整備され、官僚体制が完成する ⬇P102 |
| 明治時代 | 1873 | 征韓論争で西郷隆盛ら征韓派が辞職する(明治六年の政変) |
| 明治時代 | 1877 | 西郷隆盛が鹿児島で挙兵し、西南戦争が起こる ⬇P106 |
| 明治時代 | 1880 | 国会期成同盟の結成 |
| 明治時代 | 1887 | 東京美術学校が開校し、岡倉天心が校長に就任する ⬇P112 |
| 明治時代 | 1889 | 伊藤博文らが起草した『大日本帝国憲法』が発布される ⬇P110 |
| 明治時代 | 1890 | 第一回衆議院議員総選挙の実施 |
| 明治時代 | 1894 | 甲午農民戦争をきっかけに日清戦争が起こる |
| 明治時代 | 1902 | 日英同盟の締結 |
| 明治時代 | 1904 | 日露両軍が仁川港で衝突し、日露戦争が起こる ⬇P114 |
| 大正時代 | 1912 | 尾崎行雄らの主導により、第一次護憲運動が起き、第三次桂内閣が翌年退陣する |

## 主要人物の生没年一覧

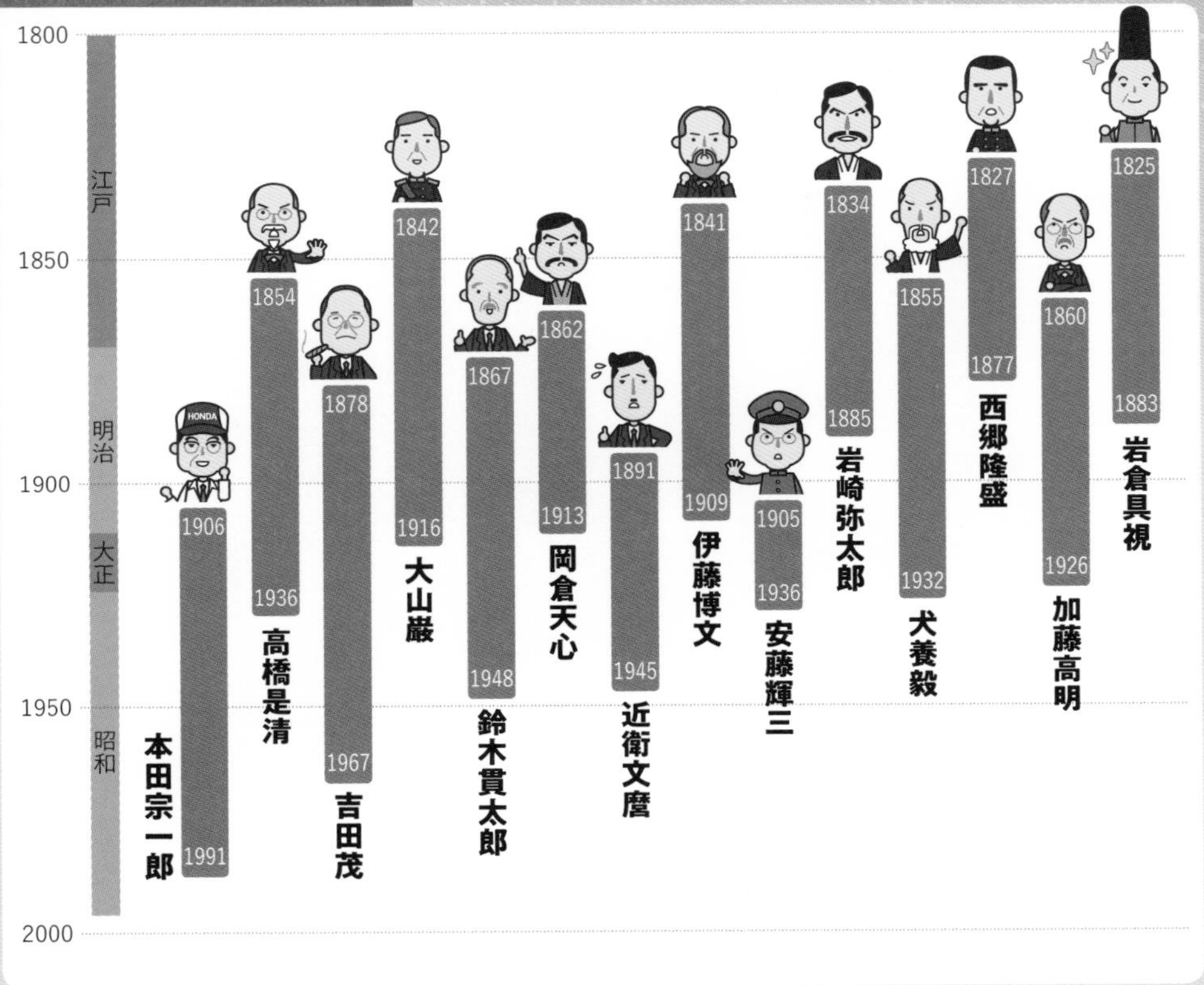


| 昭和時代 | |
|---|---|
| 1924 | 高橋是清ら護憲三派により、清浦内閣が総辞職（第二次護憲運動）⬇P116 |
| 1929 | ニューヨークのウォール街で株価が暴落し、世界に波及 |
| 1931 | 関東軍が南満州鉄道を爆破し、中国軍のしわざとして軍事行動を開始（満州事変） |
| 1932 | 五・一五事件が起き、犬養首相が暗殺される |
| 1936 | 陸軍皇道派の青年将校が首相官邸などを襲撃（二・二六事件）⬇P118 |
| 1937 | 日中両軍が北京郊外の盧溝橋で衝突し、日中戦争が起こる |
| 1940 | 日独伊三国同盟を締結する |
| 1941 | 第三次近衛内閣が成立し、日米交渉が本格的に開始される ⬇P120 |
| | 日本軍がハワイの真珠湾を攻撃し、太平洋戦争が起こる |
| 1945 | 広島と長崎に原子爆弾が投下される |
| | 鈴木貫太郎首相が御前会議で天皇の「ご聖断」を引きだす ⬇P122 |
| | 日本が無条件降伏し、降伏文書に調印する |
| 1946 | 第一次吉田内閣で、『日本国憲法』が公布される ⬇P124 |
| 1951 | サンフランシスコ平和条約を締結し、日本が主権を回復する |
| 1954 | 第五福竜丸がビキニ環礁で被爆する |
| 1964 | 本田宗一郎がF1に初参戦 ⬇P126 |
| | 東京オリンピックが開催される |

Team No.39
明治時代

# 維新ニューオーダーの試行錯誤

## 天皇中心の新しい政治体制のため試行錯誤を重ねる

### 新しい政治体制で世界へ挑む

王政復古《おうせいふっこ》のクーデターにより発足した新政権。天皇が宣言した五箇条《ごかじょう》の誓文《せいもん》と五榜《ごぼう》の掲示《けいじ》をもって新政府が誕生し、元号を明治に改元。洋装、ざんぎり頭に肉食文化…。明治時代が始まったのである。

変わったのは生活様式だけではなく、政治体制も大きく変化した。江戸時代の政治体制は、幕府と藩がそれぞれの領地・領民を直接統括支配する地方分権的な幕藩体制《ばくはんたいせい》だった。しかし新政府が目指したのは、天皇による親政。つまり中央集権型の政府だ。日本は西洋にのまれないためにも、近代化された政府をつくる必要があったのだ。

### 中央集権を目指し模索する新政府

王政復古のクーデターの直後、応急的につくられた体制は総裁（有栖《ありす》川宮熾仁親王《がわのみやたるひとしんのう》）、議定《ぎじょう》（仁和寺宮嘉《にんなじのみやよし》彰親王《あきしんのう》ら10名）、参与《さんよ》（岩倉具視《いわくらともみ》ら20名）の三つの職位からなる〝三職《さんしょく》制《せい》〟だった。しかし皇族と公家に権力が偏りすぎており、目指している西洋の政治からは程遠い。そこで新たな政治体制へ改編する必要があった。この時、参与である福岡孝弟《ふくおかたかちか》、副島種臣《そえじまたねおみ》がアメリカの憲法などをもとに起草した政体書《せいたいしょ》が発表された。**これは太政官《だじょうかん》を中心に、三権分立、議会の設置、議員の任期を設けるなど、明治政府の中央集権的な政治組織を布告するもの。**太政官に権力を集中させ、その下に議政官（立法）、行政官（行政）、刑法官（司法）を設置。さらにその下に神祇官《じんぎかん》、会計官、軍務官、外国官の計7つ（のち民部官を加え8つ）の部署を置く7官制の体制が考え出された。ところが、実際には議政官の中の参与たちが実権を握っており、これも完全なシステムとは言い難い。次に考え出されたのは、祭祀を司る神祇官と太政官を最上位に並立し、下に6つの部署を設置した2官6省制。しかしこれも時代に合わず、取りやめが決まった。

この時のトップはもちろん明治天

**リーダー**
岩倉具視《いわくらともみ》

**サブリーダー**
三条実美《さんじょうさねとみ》

**結成年** 1868年閏4月
（政体書が制定される）

**解散年** 1885年12月
（太政官制が廃止される）

**●チーム紹介**
天皇中心の中央集権体制を確立するため、岩倉具視を中心に、薩長土肥出身者で構成される。

# 維新ニューオーダーの試行錯誤 七官制 ver.

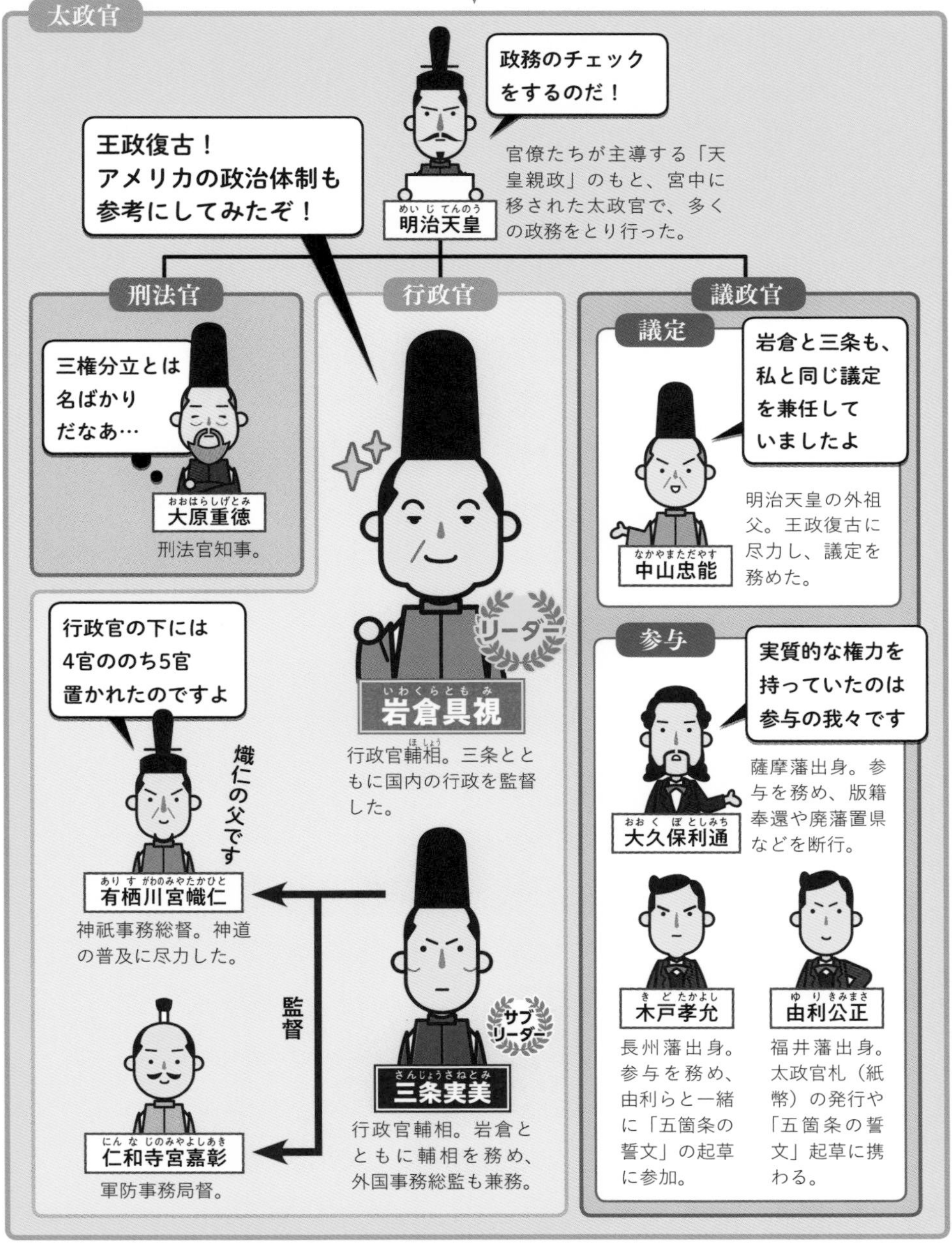

太政官
政務のチェックをするのだ！
明治天皇《めいじてんのう》
官僚たちが主導する「天皇親政」のもと、宮中に移された太政官で、多くの政務をとり行った。
王政復古！アメリカの政治体制も参考にしてみたぞ！
刑法官
三権分立とは名ばかりだなあ…
大原重徳《おおはらしげとみ》
刑法官知事。
行政官
リーダー
岩倉具視《いわくらともみ》
行政官輔相《ほしょう》。三条とともに国内の行政を監督した。
行政官の下には4官ののち5官置かれたのですよ
熾仁の父です
有栖川宮熾仁《ありすがわのみやたかひと》
神祇事務総督。神道の普及に尽力した。
監督
仁和寺宮嘉彰《にんなじのみやよしあき》
軍防事務局督。
サブリーダー
三条実美《さんじょうさねとみ》
行政官輔相。岩倉とともに輔相を務め、外国事務総監も兼務。
議政官
議定
岩倉と三条も、私と同じ議定を兼任していましたよ
中山忠能《なかやまただやす》
明治天皇の外祖父。王政復古に尽力し、議定を務めた。
参与
実質的な権力を持っていたのは参与の我々です
大久保利通《おおくぼとしみち》
薩摩藩出身。参与を務め、版籍奉還や廃藩置県などを断行。
木戸孝允《きどたかよし》
長州藩出身。参与を務め、由利らと一緒に「五箇条の誓文」の起草に参加。
由利公正《ゆりきみまさ》
福井藩出身。太政官札（紙幣）の発行や「五箇条の誓文」起草に携わる。

皇だが、**実際に政治を動かしていたのは、公家の岩倉具視《いわくらともみ》、薩摩の西郷《さいごう》隆盛《たかもり》、大久保利通《おおくぼとしみち》。長州の木戸孝允《きどたかよし》など王政復古の大号令にかかわりのあった人間ばかり。**しかし彼らも実際に国政を担ったことことはない。そもそも260年以上、幕府が政治を動かしていたこともあり、朝廷側に政治のノウハウがなかったのだ。そのため、政治体制という政府の根幹部分が確定したのは、明治が始まって3年も経ってからのこと。3度の大幅な見直しの上、立ち上がったのが太政官三院制だった。

## 明治の官僚体制の完成

これは天皇が裁決を行う最高機関の正院、立法と諮問機関を兼ね備えた左院、連絡機関である右院という3つの院で構成された三権分立に近い官僚システム。正院の太政大臣《だじょうだいじん》には三条実美《さんじょうさねとみ》、右大臣には岩倉具視がつく。そして参議には西郷隆盛、木戸孝允、板垣退助《いたがきたいすけ》、大隈重信《おおくましげのぶ》ら「薩長土肥出身者」が置かれることになる。この体制がこのあと、内閣制度が誕生するまでの明治の基本的な官僚体制となった。

このように政治体制を整えながら、同時に明治政府は遷都を実行。江戸は東京と名前を変え、天皇自ら京都を出て東幸《とうこう》したことで、東京は首都へと姿を変える。さらに全国260余りの藩主たちから土地と人民を召し上げる版籍奉還《はんせきほうかん》を行い、続いて廃藩置県《はいはんちけん》の命令を下した。

こうして幕府を支えた藩は消滅し、道府県が誕生。藩主に代わって知事が道府県を管理する、中央集権型の政治体制（現在は地方自治を尊重）がここに完成した。現代日本の基礎となる政治体制が、いよいよ始まったのである。

## 近代国家へ歩み始めた日本

たった数年で政治体制が幾度も変わった明治政府。**それでも新政権が揺らがなかったのは、〝政権のトップが天皇である〟という基本を崩さなかったからだ。何よりも、新政府に「（欧米に負けない）強い日本をつくる」という強い志があったからだろう。**

一度決めたものを覆すことは勇気が必要である。しかし、制度が不十分であるということに気づいたなら、新しく変革し続けることで、結果的によいものが仕上がることになるのだ。

**教訓**

**一度決めた体制が**
**うまくいかないなら**
**こだわらず変革すべし**

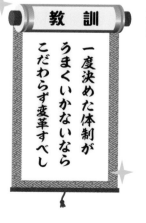

# 維新ニューオーダーの試行錯誤 三院制 ver.

太政官
正院
私が裁決するのだー！
明治天皇
太政官の会議には天皇が出席し、決裁をとり行っていた。
リーダー
右大臣。条約改正の予備交渉と欧米視察のため、使節団を率いて諸外国を回った。
三院制にしてみたんだ！これぞ三権分立！！
岩倉具視
うむ
サブリーダー
政府の最高責任者である太政大臣を務めた。
三条実美
参議
薩摩
西郷隆盛《さいごうたかもり》
鹿児島へ帰郷していたが、岩倉や大久保の説得により復職。
長州
木戸孝允
岩倉が率いる使節団の副使の一人で、欧米情勢を視察。
土佐
板垣退助《いたがきたいすけ》
使節団派遣後の留守政府を預かったうちの一人。
肥前
正院の下に各省が置かれたんです
大隈重信《おおくましげのぶ》
板垣らと留守政府を預かり、のちに参議の主席となる。
上申
右院
右院は各省の議案を審議したところさ
大久保利通
旧薩摩藩士で、大蔵省のち内務省の卿（長官）を務める。岩倉使節団の副使。
井上馨《いのうえかおる》
旧長州藩士。大蔵省の大輔（次官）を務める。
佐々木高行《ささきたかゆき》
旧土佐藩士。司法省の大輔を務める。
寺島宗則《てらしまむねのり》
旧薩摩藩士。外務省の大輔を務める。
山県有朋《やまがたありとも》
旧長州藩士。兵部省の大輔を務める。
大木喬任《おおきたかとう》
旧肥前藩士。文部省の卿を務める。
左院
左院では立法の審議をしていたんです
後藤象二郎《ごとうしょうじろう》
旧土佐藩士で、左院議長。工部省の大輔も兼任。
江藤新平《えとうしんぺい》
旧肥前藩士で、左院副議長。

Team No.40
明治時代

# 決起した西郷隆盛と薩摩士族

## 不平士族の不満を引き受け決起へと踏み切った

### 西郷のもとに集まった不平士族

明治という新時代を迎え、士族《しぞく》（侍）の生活も様変わりした。西郷《さいごう》隆盛《たかもり》は廃藩置県《はいはんちけん》で職を失った士族に仕事を与えるため、朝鮮出兵の征韓《せいかん》論《ろん》を唱えるも、大久保利通《おおくぼとしみち》らの猛反発を受け政府を去る。西郷は桐野利《きりのとし》秋《あき》、篠原国幹《しのはらくにもと》などと故郷の鹿児島に戻り、私学校《しがっこう》を開校する。

しかし、西郷を危険視していた政府は密偵を放ち、私学校生を挑発。乗せられた者たちが政府の軍の火薬庫を急襲する事件が勃発する。

### 追い詰められ挙兵するも…

**西郷は火薬庫襲撃に怒気を発するも、士族らの挙兵の意思が強いことを知ると、私学校講堂での出兵に関する会議に参加した。篠原ら主戦派は、政府の罪を問うために挙兵すべき、と主張。一方永山弥一郎《ながやまやいちろう》ら慎重派は、西郷や桐野ら数名で、政府の非を糾弾するため上京することを訴えた。議長役の桐野は西郷に判断を仰ぎ、ついに西郷は政府軍に戦いを挑むことを決意したのだった。**

しかし薩摩軍は政府軍の立てこもる熊本城を落とせず、17日間戦った田《た》原坂《ばるざか》でも多くの戦死者を出した。最終的に鹿児島に戻った西郷自身も城山に籠城の上、最期は別府晋介の介錯によって自刃。村田や桐野も最期まで戦い、散っていく。日本史における最後の内戦であり最大の反乱とされる西南戦争《せいなんせんそう》は政府軍の勝利で幕を閉じ、士族の乱もこれが最後となった。

猛将の桐野や、人望の厚い西郷が率いた薩摩軍。しかし戦争が突発的に起きたことから、彼らは場当たり的に戦うこととなり、結局は失敗に終わる。このようにトップが自ら進むべき道を示さないと、組織は迷走してしまう。

**教訓**

**統率が弱く迷走した組織に成功はない**

**リーダー**

**西郷隆盛《さいごうたかもり》**

**サブリーダー**

**桐野利秋《きりのとしあき》**

| | |
|---|---|
| 結成年 | 1874年6月 |

（私学校が開設される）

| | |
|---|---|
| 解散年 | 1877年9月 |

（西郷隆盛の死去）

●チーム紹介

明治政府の挑発に士族の不満が暴発した結果、挙兵することになった西郷率いる薩摩軍。

# 決起した西郷隆盛と薩摩士族

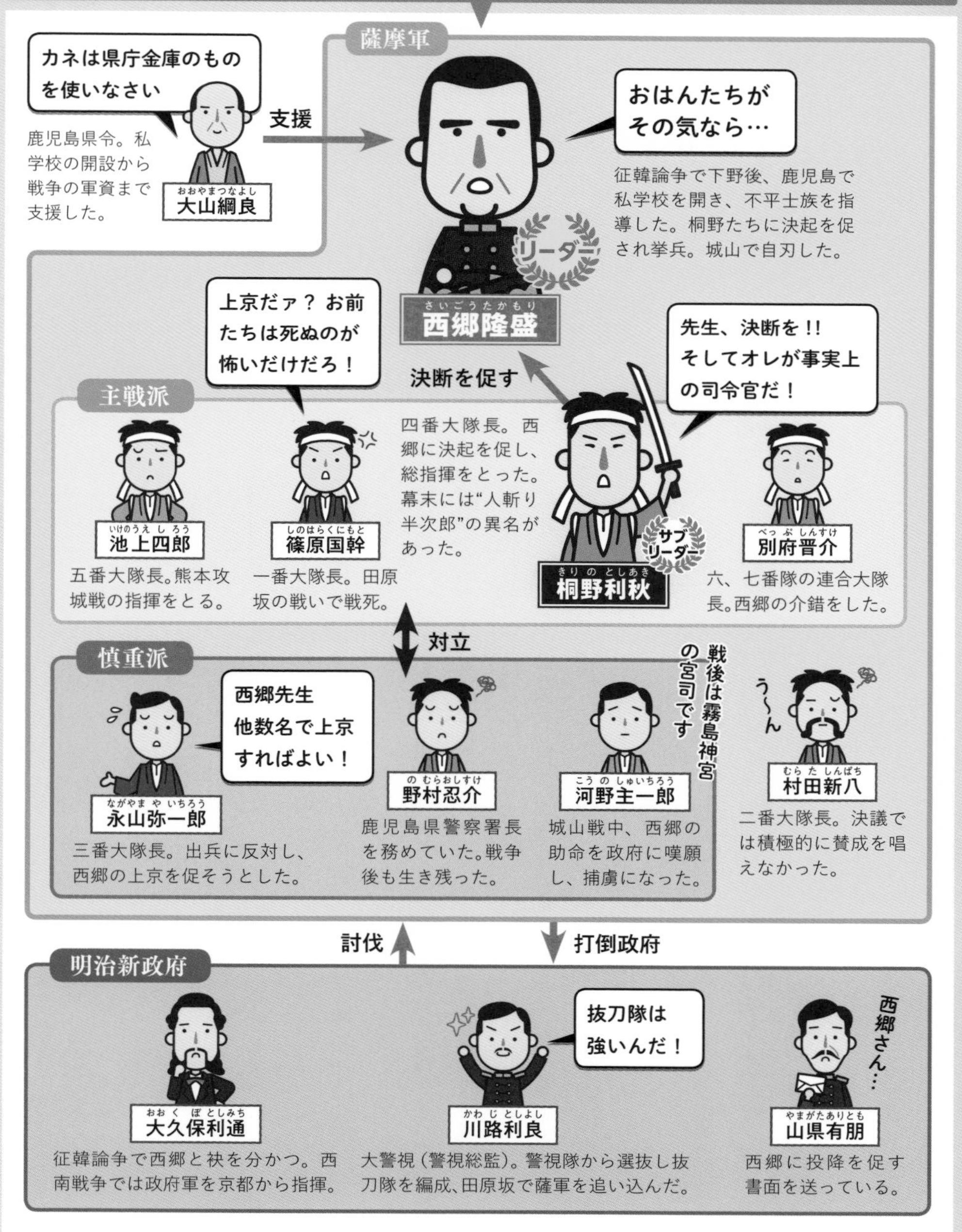

薩摩軍
カネは県庁金庫のものを使いなさい
鹿児島県令。私学校の開設から戦争の軍資まで支援した。
大山綱良《おおやまつなよし》
支援
おはんたちがその気なら…
征韓論争で下野後、鹿児島で私学校を開き、不平士族を指導した。桐野たちに決起を促され挙兵。城山で自刃した。
リーダー
西郷隆盛《さいごうたかもり》
決断を促す
先生、決断を!! そしてオレが事実上の司令官だ！
主戦派
上京だァ？ お前たちは死ぬのが怖いだけだろ！
四番大隊長。西郷に決起を促し、総指揮をとった。幕末には“人斬り半次郎”の異名があった。
サブリーダー
桐野利秋《きりのとしあき》
池上四郎《いけのうえしろう》
五番大隊長。熊本攻城戦の指揮をとる。
篠原国幹《しのはらくにもと》
一番大隊長。田原坂の戦いで戦死。
別府晋介《べっぷしんすけ》
六、七番隊の連合大隊長。西郷の介錯をした。
対立
慎重派
西郷先生他数名で上京すればよい！
永山弥一郎《ながやまやいちろう》
三番大隊長。出兵に反対し、西郷の上京を促そうとした。
野村忍介《のむらおしすけ》
鹿児島県警察署長を務めていた。戦争後も生き残った。
戦後は霧島神宮の宮司です
河野主一郎《こうのしゅいちろう》
城山戦中、西郷の助命を政府に嘆願し、捕虜になった。
う〜ん
村田新八《むらたしんぱち》
二番大隊長。決議では積極的に賛成を唱えなかった。
討伐
打倒政府
明治新政府
大久保利通《おおくぼとしみち》
征韓論争で西郷と袂を分かつ。西南戦争では政府軍を京都から指揮。
抜刀隊は強いんだ！
川路利良《かわじとしよし》
大警視（警視総監）。警視隊から選抜し抜刀隊を編成、田原坂で薩軍を追い込んだ。
西郷さん…
山県有朋《やまがたありとも》
西郷に投降を促す書面を送っている。

Team No.41
明治時代

# 岩崎家率いる巨大三菱財閥

## 熾烈な競争を強い経営力で乗り越えていく

### 2隻の船から始まった三菱

商社、銀行、重工業など数多くの関連企業を持つ三菱は明治時代、岩《いわ》崎《さき》弥《や》太《た》郎《ろう》と2隻の船から始まった。弥太郎は、海運事業の九十九《つくも》商会《しょうかい》（のちの三菱《みつびし》商会）を創設。**弟の弥之助《やのすけ》を海外に留学させ、子の久弥には、三菱商業学校《みつびししょうぎょうがっこう》や、福沢諭吉《ふくざわゆきち》のもとで学ばせた。また、同郷の下級武士、石川七財《いしかわしちざい》や川田小一郎《かわだこいちろう》など身分を問わず登用するなど、商売だけでなく人材の育成にも手を抜かなかった。**

そんな弥太郎のライバルは元大蔵官僚の実業家渋沢栄一《しぶさわえいいち》だ。経営理念の異なる二人は、話が合わず決裂。しかし当時、三菱商会は大久保利通《おおくぼとしみち》と大隈重信《おおくましげのぶ》に接近し、大きな支援を受けるようになっていた。

### 国との戦いにも一歩も引かず

三菱は台湾出兵と西南戦争《せいなんせんそう》で政府軍の軍事輸送を手掛け、一気に業績をあげる。配船を仕切った石川、炭鉱開発を手掛けた川田など社員の活躍もあり、三菱は海運業の大半を支配するまで成長。それを危険視した政府（当時大久保は暗殺され、大隈は下野していた）は、渋沢と組んで共同運輸会社《きょうどううんゆがいしゃ》を設立、三菱潰しを画策する。弥太郎はこの戦いに挑むも発病し、道半ばで倒れた。

弥之助や社員達は弥太郎の遺志を継ぎ、井上馨《いのうえかおる》・伊藤博文《いとうひろふみ》らの政府勢力と競争を続け、2社合併という落とし所で手を組んだ。**ここで誕生した日本郵船《にっぽんゆうせん》会社は日本の運輸の要となる。久弥に引き継がれたあとも、弥之助の行った事業をより発展させ、三菱財閥は大きく成長した。**

強い牽引力《けんいんりょく》を持つリーダーだけでは、組織は成り立たない。帝王学によって育てられた後進の存在が、組織を強く長く育てる栄養となるのだ。

**教訓**

**強いリーダーシップと帝王学は組織を強くし長持ちさせる秘訣**

**リーダー**

**岩崎弥太郎《いわさきやたろう》**

**サブリーダー**

**石川七財《いしかわしちざい》**
**川田小一郎《かわだこいちろう》**

**結成年** 1870年
（九十九商会の発足）

**解散年** 1885年
（岩崎弥太郎の死去）

**●チーム紹介**

強い経営力で三菱の組織力を強め、事業を拡大していった岩崎弥太郎と三菱商会。

# 岩崎家率いる巨大三菱財閥

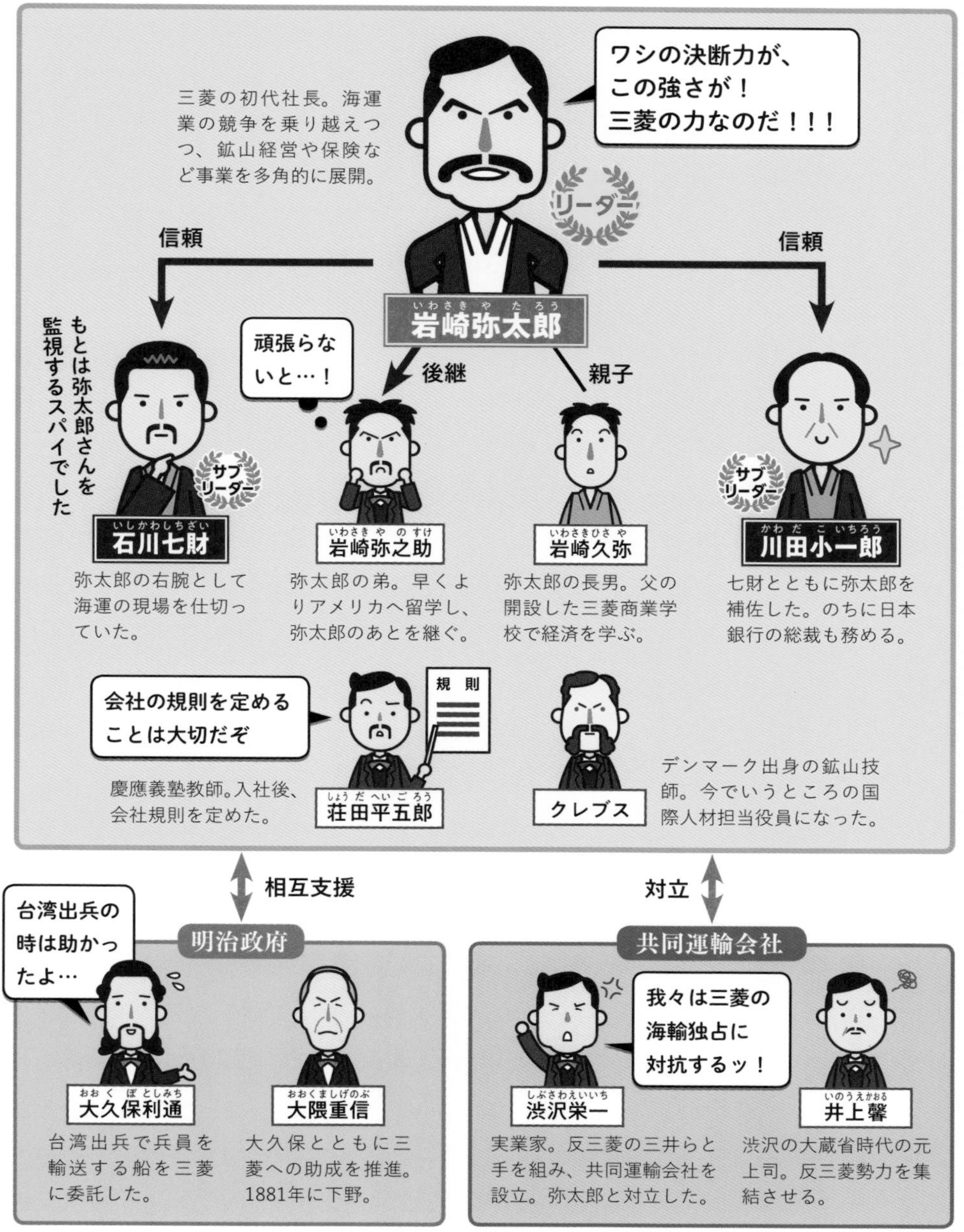
三菱の初代社長。海運業の競争を乗り越えつつ、鉱山経営や保険など事業を多角的に展開。
ワシの決断力が、この強さが！三菱の力なのだ！！！
リーダー
岩崎弥太郎《いわさきやたろう》
信頼
信頼
後継
親子
もとは弥太郎さんを監視するスパイでした
サブリーダー
石川七財《いしかわしちざい》
弥太郎の右腕として海運の現場を仕切っていた。
頑張らないと…！
岩崎弥之助《いわさきやのすけ》
弥太郎の弟。早くよりアメリカへ留学し、弥太郎のあとを継ぐ。
岩崎久弥《いわさきひさや》
弥太郎の長男。父の開設した三菱商業学校で経済を学ぶ。
サブリーダー
川田小一郎《かわだこいちろう》
七財とともに弥太郎を補佐した。のちに日本銀行の総裁も務める。
会社の規則を定めることは大切だぞ
規則
荘田平五郎《しょうだへいごろう》
慶應義塾教師。入社後、会社規則を定めた。
クレブス
デンマーク出身の鉱山技師。今でいうところの国際人材担当役員になった。
相互支援
対立
明治政府
台湾出兵の時は助かったよ…
大久保利通《おおくぼとしみち》
台湾出兵で兵員を輸送する船を三菱に委託した。
大隈重信《おおくましげのぶ》
大久保とともに三菱への助成を推進。1881年に下野。
共同運輸会社
我々は三菱の海輸独占に対抗するッ！
渋沢栄一《しぶさわえいいち》
実業家。反三菱の三井らと手を組み、共同運輸会社を設立。弥太郎と対立した。
井上馨《いのうえかおる》
渋沢の大蔵省時代の元上司。反三菱勢力を集結させる。

Team No.42
明治時代

# 明治憲法タスクフォース

## 世界とならぶために東アジア初の近代憲法を作成

### リーダー
**伊藤博文《いとうひろぶみ》**

### サブリーダー
**伊東巳代治《いとうみよじ》**

**結成年** 1882年
（憲法調査のため渡欧する）

**解散年** 1889年
（帝国憲法が発布される）

**●チーム紹介**
日本を欧米に認めてもらうため、伊藤博文は側近たちや、外国人法学者らと帝国憲法を作成した。

### 憲法制定のためのチーム発足

**西南戦争《せいなんせんそう》以降、国会開設と憲法制定を求める〝自由民権運動《じゆうみんけんうんどう》〟が活発化。その声に押され政府も1890年の国会開設を約束した。さらに憲法制定を目指し、伊藤博文《いとうひろぶみ》に欧州への憲法調査の勅命を下したのである。**

岩倉使節団《いわくらしせつだん》などで欧米訪問経験のある伊藤は、西欧に再渡航して1年2カ月をかけベルリン大学とウィーン大学で憲法を学び帰国。近代憲法案作成という難解なプロジェクトに挑むこととなる。

### 東アジア初の近代憲法が誕生

この憲法作成チームは、伊藤とともに欧州に同行した伊東巳代治《いとうみよじ》、君主権の強いドイツのプロイセン憲法に詳しい井上毅《いのうえこわし》、ハーバード大で法律を学んだ金子堅太郎《かねこけんたろう》という当時日本の最高峰のメンバーだ。さらに多くの意見を聞くためドイツ人のロエスレル、モッセをアドバイザーに招集。彼らはあらゆる知識を総動員し草案づくりに没頭した。この最中に内閣制度が創設され、伊藤は初代首相となるも、毎週末に神奈川の別荘地や旅館で草案づくりに打ち込み、さらに完成した草案を審議するため枢密院《すうみついん》を設置、伊藤は黒田清隆《くろだきよたか》に首相を譲り初代議長となる。

こうして伊藤の渡欧から7年。彼らがつくり上げた憲法草案は天皇臨席のもとで最終審議され、**『大日本帝国憲法《だいにほんていこくけんぽう》』が誕生。これはドイツのプロイセン憲法を参考に、国家の大権をすべて天皇に集中させた欽定憲法《きんていけんぽう》で、東アジア初の本格的な近代憲法となった。**

何か新しいものをつくり出す時は様々な専門家を頼り、彼らの知識を集約して取り組むことが成功の秘訣なのである。

**教訓**

**新プロジェクトを進める時はその道の専門家を頼るべし**

# 明治憲法タスクフォース

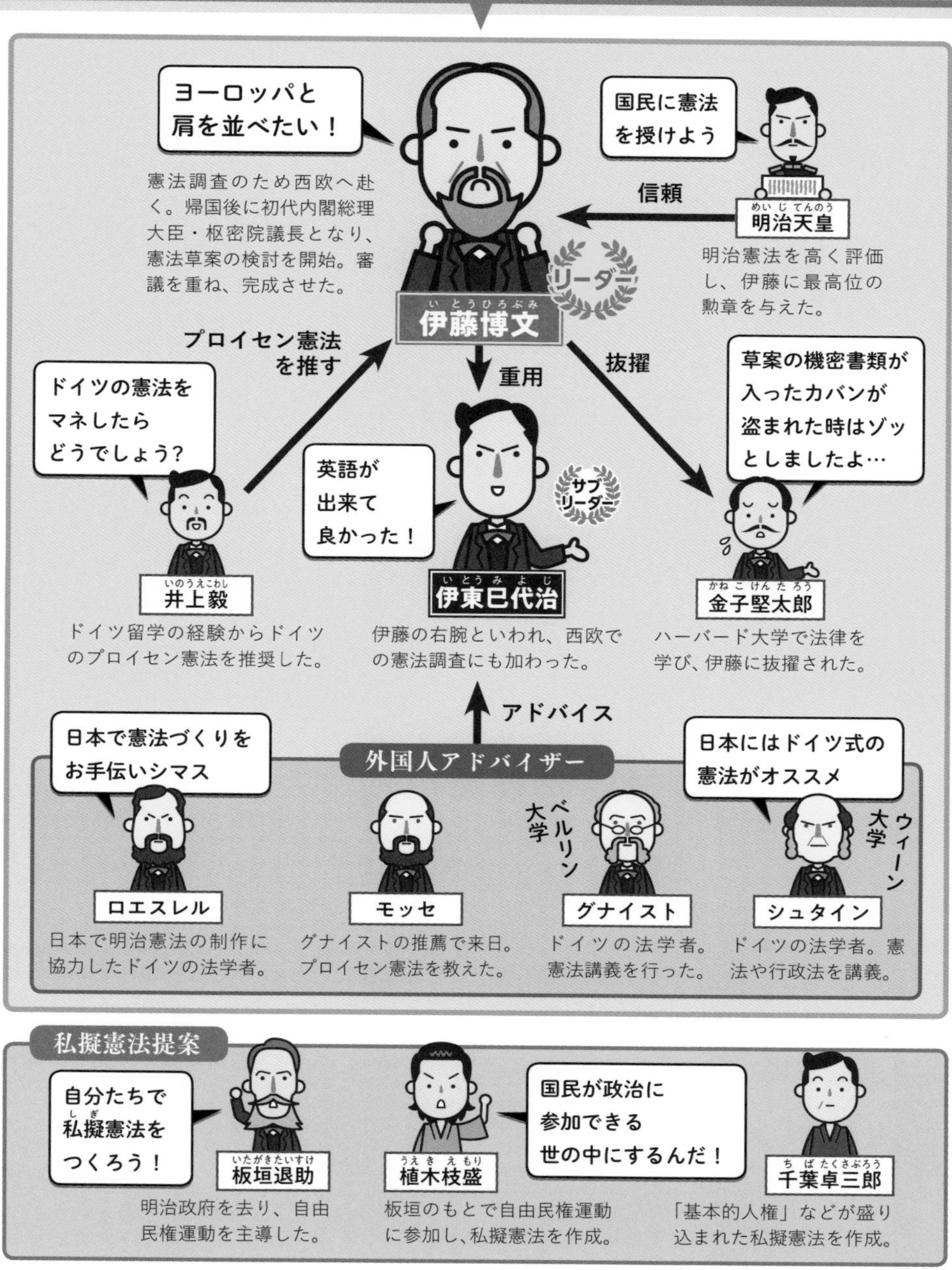

ヨーロッパと
肩を並べたい！
憲法調査のため西欧へ赴く。帰国後に初代内閣総理大臣・枢密院議長となり、憲法草案の検討を開始。審議を重ね、完成させた。
リーダー
伊藤博文《いとうひろぶみ》
国民に憲法
を授けよう
信頼
明治天皇《めいじてんのう》
明治憲法を高く評価し、伊藤に最高位の勲章を与えた。
プロイセン憲法
を推す
重用
抜擢
ドイツの憲法を
マネしたら
どうでしょう？
井上毅《いのうえこわし》
ドイツ留学の経験からドイツのプロイセン憲法を推奨した。
英語が
出来て
良かった！
サブリーダー
伊東巳代治《いとうみよじ》
伊藤の右腕といわれ、西欧での憲法調査にも加わった。
草案の機密書類が
入ったカバンが
盗まれた時はゾッ
としましたよ…
金子堅太郎《かねこけんたろう》
ハーバード大学で法律を学び、伊藤に抜擢された。
アドバイス
外国人アドバイザー
日本で憲法づくりを
お手伝いシマス
ロエスレル
日本で明治憲法の制作に協力したドイツの法学者。
モッセ
グナイストの推薦で来日。プロイセン憲法を教えた。
ベルリン大学
グナイスト
ドイツの法学者。憲法講義を行った。
日本にはドイツ式の
憲法がオススメ
ウィーン大学
シュタイン
ドイツの法学者。憲法や行政法を講義。
私擬憲法提案
自分たちで
私擬《しぎ》憲法を
つくろう！
板垣退助《いたがきたいすけ》
明治政府を去り、自由民権運動を主導した。
植木枝盛《うえきえもり》
板垣のもとで自由民権運動に参加し、私擬憲法を作成。
国民が政治に
参加できる
世の中にするんだ！
千葉卓三郎《ちばたくさぶろう》
「基本的人権」などが盛り込まれた私擬憲法を作成。

Team No.43

明治時代

# 岡倉天心の日本美術復興チーム

## 西洋画に負けない新しい日本美術を模索する

**リーダー**

岡倉天心《おかくらてんしん》

**サブリーダー**

フェノロサ

**結成年** 1887年
(東京美術学校の開校)

**解散年** 1913年
(岡倉天心の死去)

●チーム紹介

軽視されていた日本美術の保護と復興を目指し、新しい日本画をつくり出そうとした。

### 日本美術に傾倒したお雇い外国人

明治時代、西洋文化への憧れから、日本の文化や美術が軽視されるようになった。さらに政府は神道《しんとう》の国教化を目指し、神仏分離令《しんぶつぶんりれい》を発令。これにより仏教が蔑《さげす》まれ、廃仏毀釈運動《はいぶつきしゃくうんどう》が激化する。これを見て心を痛めたのは、東京開成学校《とうきょうかいせいがっこう》(東京大学の前身の一つ)のアメリカ人講師、アーネスト・フェノロサだった。

そしてフェノロサの教え子である岡倉天心《おかくらてんしん》もまた、日本古美術の危機的状況を痛感していた一人だ。やがて文部省に就職した岡倉は、フェノロサとともに古社寺《こしゃじ》調査を開始。彼らは数百年ぶりに法隆寺《ほうりゅうじ》の夢殿《ゆめどの》を開き、秘仏《ひぶつ》の救世観音像《ぐぜかんのんぞう》を人々の目に触れさせるという功績を残す。

### 日本美術保護と復興

**彼らの働きにより、古社寺保存法《こしゃじほぞんほう》(戦後に文化財保護法《ぶんかざいほごほう》へと発展)が制定され、〝国宝〟という概念が生まれる。そして、失われかけていた日本の美術や仏像が守られることになった。**

やがて岡倉は官立の東京美術学校《とうきょうびじゅつがっこう》を設立し、横山大観《よこやまたいかん》などの大芸術家を輩出。中傷により美術学校の校長職を追われたあとも、天心とともに辞職した大観を始め、菱田春草《ひしだしゅんそう》や下村観山《しもむらかんざん》らとともに、日本美術院《にほんびじゅついん》を創立した。彼らは〝新しい日本画〟を探求し続け、天心は茨城県の五浦《いづら》にアトリエを設けると、画家たちを住まわせた。そこで共同制作を行うことで、切磋琢磨したのだ。

怒涛のように西洋文化が流入した明治。まさに新しい隣の芝生が青く見えた時代だ。しかし自分の家の芝生も、素晴らしいことを忘れてはいけない、それを教えてくれたのは、アメリカ人と日本人の師弟だった。

**教訓**

**隣の芝生は青いが**
**良いものは既に**
**自分が持っている**

# 岡倉天心の日本美術復興チーム

五浦アトリエ
日本美術の良さを失ってはダメだ!!
リーダー
岡倉天心《おかくらてんしん》
東京美術学校の開校に携わり、校長に就任。その後、日本美術院を創立、新しい日本画を探求し、五浦のアトリエに画家を住まわせた。
師弟関係
美術学校をつくろう！
サブリーダー
フェノロサ
アメリカの哲学者で東京開成学校の講師。天心とともに東京美術学校開校に関わり、副校長に就任。
橋本雅邦《はしもとがほう》
天心に請われ東京美術学校教授に就任。狩野派の作風にとらわれない作風を模索し、「龍虎図《りゅうこず》」などの作品を残す。
下村観山《しもむらかんざん》
狩野芳崖、橋本雅邦に師事。日本美術院創設に関わり、「大《おお》原御幸《はらごこう》」などの作品を残す。
家族と一緒に五浦に来たよ！
横山大観《よこやまたいかん》
日本美術院創設に関わる。欧米各地で展覧会を開き、「無我《むが》」などの作品を残す。
五浦で共同制作をして腕を磨いたんだ
菱田春草《ひしだしゅんそう》
日本美術院創設に関わり、欧米各地で展覧会を開く。「黒《くろ》き猫《ねこ》」などの作品を残す。
天心さん！一緒に美術の雑誌をつくりましょう！
高橋健三《たかはしけんぞう》
ジャーナリスト。天心とともに美術雑誌の『國華《こっか》』を創刊する。
だんだんみんなと疎遠になっちゃったなあ…
西郷孤月《さいごうこげつ》
日本美術院の創設に関わるも、次第に美術院と距離を置くように。「月下《げっか》飛鷺《ひろ》」などの作品を残す。
狩野芳崖《かのうほうがい》
東京美術院創設に尽力するも、開校を前に病死。「悲《ひ》母観音《ぼかんのん》」などの作品を残す。
パリに留学し、日本西洋画を一新。色彩の明るい外光派を形成した。
わたしは西洋画にどんどん挑戦していくんだ
黒田清輝《くろだせいき》
天心を追放
天心が気に食わん…
福地復一《ふくちふくいち》
東京美術学校教師。天心と敵対し、校長職から追放した。

Team No.44

明治時代

# 日露戦争を勝利に導く大山巌と陸軍

## 日露戦争に勝利するため明確なゴールを決めた

### 総力戦となった日露戦争

政治体制が整い、領地拡大を目指す日本。しかし日清戦争《にっしんせんそう》の勝利後、ロシアがフランス・ドイツを誘い遼《りょう》東半島返還《とうはんとう》の「三国干渉《さんごくかんしょう》」をしたことで、続いてロシアとの戦いとなった。

この日露戦争《にちろせんそう》には黒木為楨《くろきためもと》、奥保鞏《おくやすかた》、乃木希典《のぎまれすけ》といった、一流司令官の派遣が決定。そんな彼らを束ねる総司令官には、初代陸軍大臣を務めた大山巌《おおやまいわお》。そして総参謀長には軍略の天才、児玉源太郎《こだまげんたろう》が選ばれた。日本軍は旅順《りょじゅん》を攻略したものの、休む間もなく奉天会戦《ほうてんかいせん》が始まる。日本軍は25万、対するロシア軍は32万。この当時、史上最大の陸戦だった。

### 部下を信じて任せた大物司令官

しかし戦争が始まると大山は「戦略はすべて児玉に任せる」と言い放ち、「大砲《おおづつ》の音がうるさくて昼寝もできない」などと冗談を口にする余裕さえ見せた。**しかしこれは大山の作戦。部下を信頼し任せることで、持てる力を出し切らせようとしたのである。また、児玉も大山の真意を理解し、この難しい戦いの指揮を存分に振るった。**特に乃木希典率いる第3軍は、旅順で敵の司令官に恐れられるほどの突撃を繰り返し、奉天会戦ではロシア軍を破り日本が辛勝した。勝利に沸く日本政府に対し、大山と児玉は、「これ以上戦えば負ける」と強く主張。講和の開始を意見するため東京に戻った。陸軍に続き海軍が日本海海戦にも勝利したあと、アメリカを間に挟んでの講和条約により、日露戦争は終結。**戦局を冷静に見つめた児玉と、児玉を信じて任せた大山による勝利だった。**

部下の個性や力を把握し、どのように使うのか、それを見極める目こそトップに必要な能力である。

**教訓**

**状況や人の個性をしっかり見極めるのがトップのあるべき姿**

**リーダー**

**大山巌《おおやまいわお》**

**サブリーダー**

**児玉源太郎《こだまげんたろう》**

**結成年** 1904年（日露戦争の開戦）

**解散年** 1905年（日露戦争の終戦）

**●チーム紹介**

ロシアに勝つために優秀な司令官をまとめ、個性を活かして戦った大山巌率いる日本陸軍。

# 日露戦争を勝利に導く大山巌と陸軍

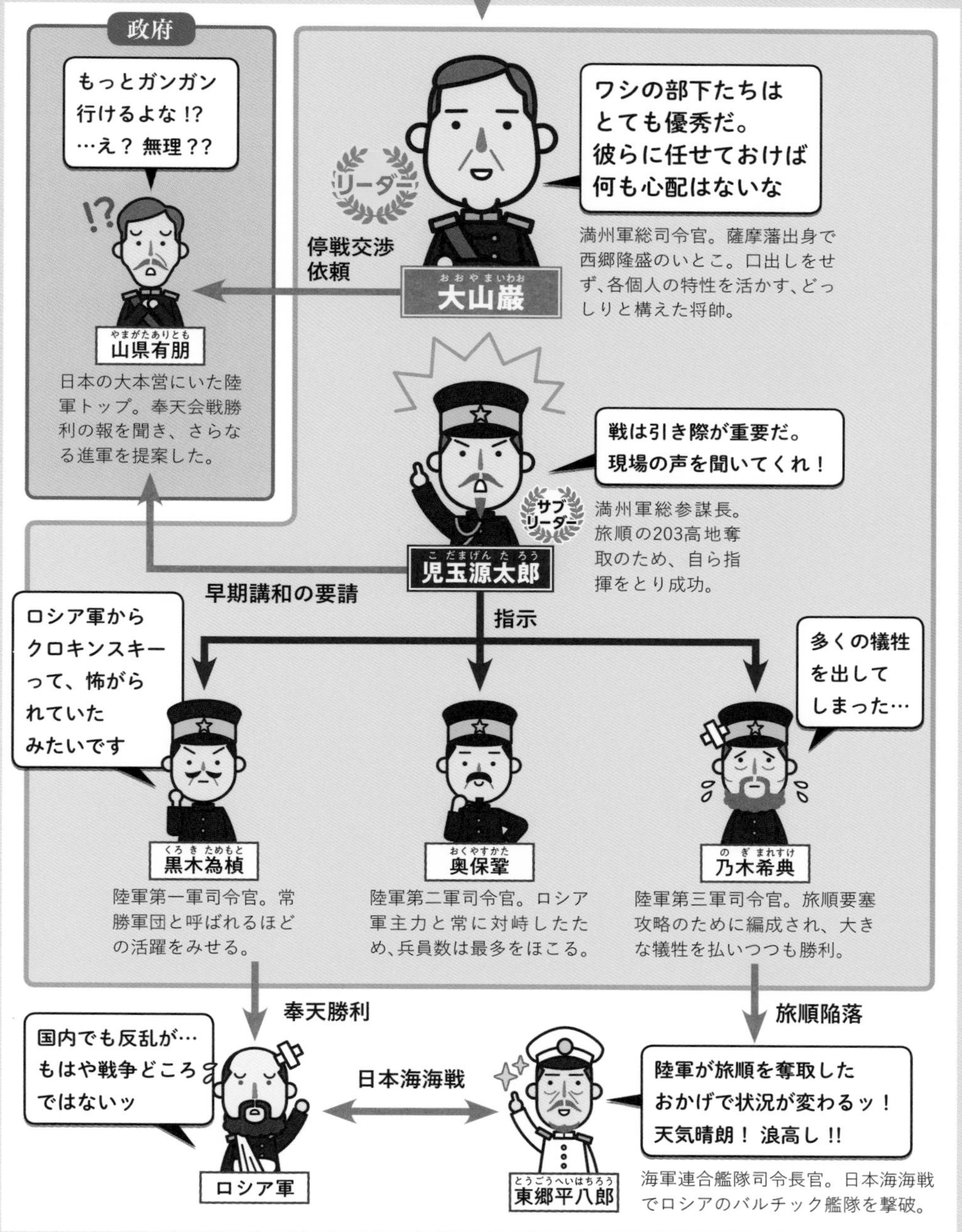

政府
もっとガンガン行けるよな!? …え？ 無理？？
!?
山県有朋《やまがたありとも》
日本の大本営にいた陸軍トップ。奉天会戦勝利の報を聞き、さらなる進軍を提案した。
停戦交渉依頼
リーダー
ワシの部下たちはとても優秀だ。彼らに任せておけば何も心配はないな
大山巌《おおやまいわお》
満州軍総司令官。薩摩藩出身で西郷隆盛のいとこ。口出しをせず、各個人の特性を活かす、どっしりと構えた将帥。
戦は引き際が重要だ。現場の声を聞いてくれ！
サブリーダー
児玉源太郎《こだまげんたろう》
満州軍総参謀長。旅順の203高地奪取のため、自ら指揮をとり成功。
早期講和の要請
指示
ロシア軍からクロキンスキーって、怖がられていたみたいです
黒木為楨《くろきためもと》
陸軍第一軍司令官。常勝軍団と呼ばれるほどの活躍をみせる。
奥保鞏《おくやすかた》
陸軍第二軍司令官。ロシア軍主力と常に対峙したため、兵員数は最多をほこる。
多くの犠牲を出してしまった…
乃木希典《のぎまれすけ》
陸軍第三軍司令官。旅順要塞攻略のために編成され、大きな犠牲を払いつつも勝利。
奉天勝利
旅順陥落
国内でも反乱が…もはや戦争どころではないッ
ロシア軍
日本海海戦
陸軍が旅順を奪取したおかげで状況が変わるッ！ 天気晴朗！ 浪高し !!
東郷平八郎《とうごうへいはちろう》
海軍連合艦隊司令長官。日本海海戦でロシアのバルチック艦隊を撃破。

Team No.45
大正時代

# 「憲政の常道」を夢見る護憲三派

## 3党が歩調を合わせ第二次護憲運動を主導する

**リーダー**
高橋是清《たかはしこれきよ》

**サブリーダー**
加藤高明《かとうたかあき》
犬養毅《いぬかいつよし》

| | |
|---|---|
| 結成年 | 1924年1月（護憲三派が党首会談行う） |
| 解散年 | 1924年6月（加藤高明が内閣を組閣する） |

**●チーム紹介**
超然内閣を打破し、政党内閣を樹立するために手を結び、憲政擁護を掲げた三政党。

### 超然内閣に立ち向かった護憲三派

立憲政友会《りっけんせいゆうかい》の原敬《はらたかし》が初の本格的な政党内閣を立て、その後の高橋是清《たかはしこれきよ》内閣が倒れて以降、非政党内閣が続いていた。海軍出の山本権兵衛《やまもとごんべえ》内閣が総辞職すると、清浦奎吾《きようらけいご》内閣が発足。しかし、清浦は元枢密院《すうみついん》議長で、閣僚は貴族院《きぞくいん》議員と軍人。「大正デモクラシー」の時期にふさわしくない超然主義《ちょうぜんしゅぎ》内閣だった。これに怒ったのは、衆議院という存在を無視された立憲政友会の高橋是清だ。彼は憲政《けんせい》会《かい》の加藤高明《かとうたかあき》、革新倶楽部《かくしんクラブ》の犬養毅《いぬかいつよし》らと組み、普通選挙を公約に掲げて第《だい》二次《じ》護憲運動《ごけんうんどう》を起こす。政党を超えて手を組んだ彼ら護憲三派《ごけんさんぱ》によって、清浦内閣は総辞職に追い込まれた。

### その後8年続く憲政の常道

選挙の結果、憲政会が第1党になり、加藤内閣が発足。高橋は農商務《のうしょうむ》大臣に、犬養は逓信《ていしん》大臣への入閣を果たし、護憲三派連立内閣が成立した。彼らが行ったのは公約通り普通《ふつう》選挙法《せんきょほう》の制定だ。これまでは納税額による条件があったが、それを撤廃。満25歳以上の男子に選挙権が与えられ、有権者の数は4倍近く増加、日本の選挙の空気が変わった。

**加藤内閣（護憲三派のち憲政会単独）以降、犬養毅首相が暗殺される五・一五事件までの8年を「憲政《けんせい》の常道《じょうどう》」と呼ぶ。衆議院の多数党の党首を元老の西園寺公望《さいおんじきんもち》が首班指名する慣習が続いたためだ。これは政党の枠組みを超えて、手を取り合った護憲三派の残した功績だ。**

派閥や考え方の違う人間同士で（もとは政友会や高橋は普通選挙には反対だった）も、大きな目標や同じ理想を中心に動くことができれば強い力を発揮し、時に歴史さえ変えられるのである。

**教訓**

**大きな目標のためには細部が違ったとしてもチームとして結託できる**

# 「憲政の常道」を夢見る護憲三派

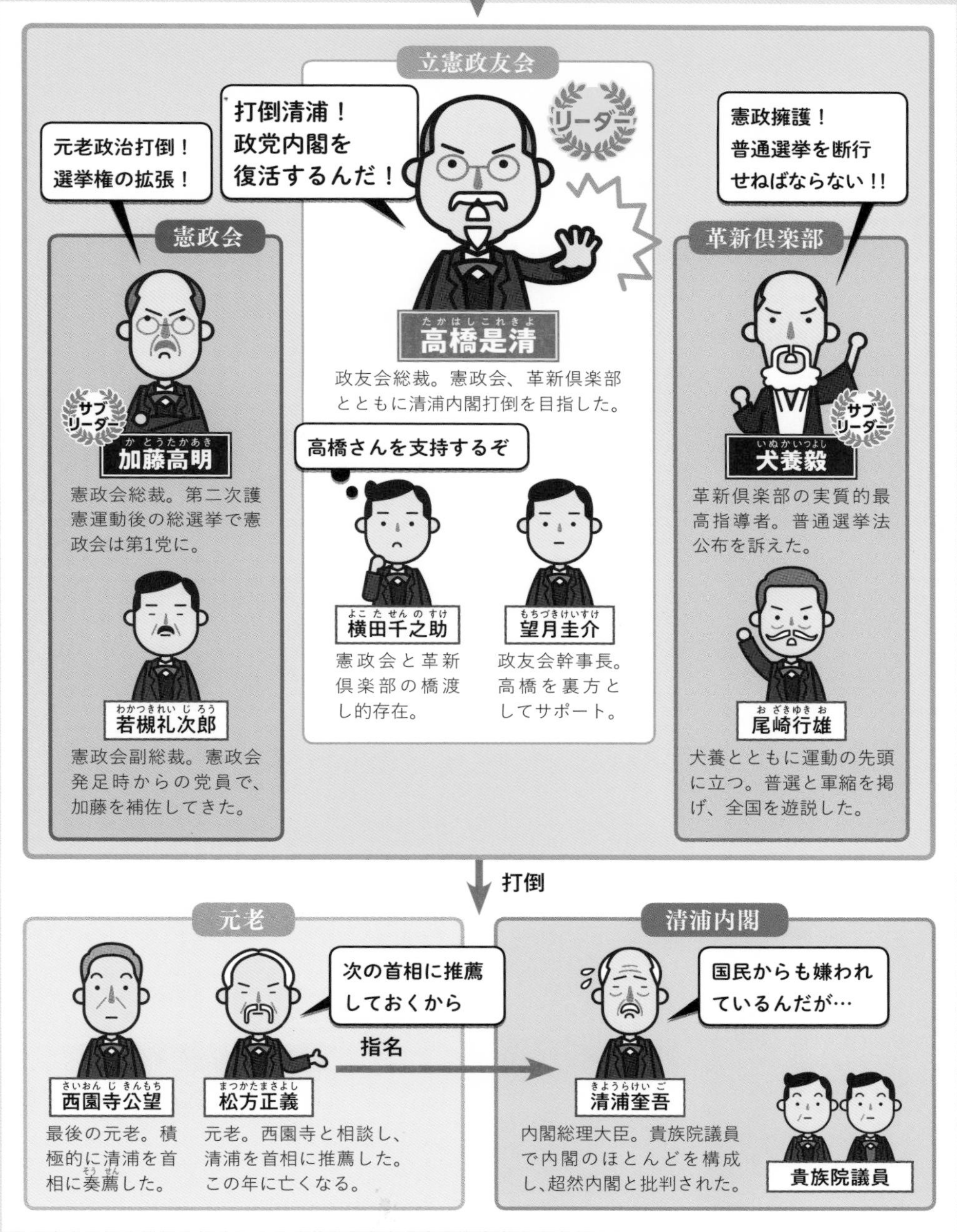

立憲政友会
打倒清浦！
政党内閣を
復活するんだ！
リーダー
高橋是清《たかはしこれきよ》
政友会総裁。憲政会、革新倶楽部とともに清浦内閣打倒を目指した。
高橋さんを支持するぞ
横田千之助《よこたせんのすけ》
憲政会と革新倶楽部の橋渡し的存在。
望月圭介《もちづきけいすけ》
政友会幹事長。高橋を裏方としてサポート。
憲政会
元老政治打倒！
選挙権の拡張！
サブリーダー
加藤高明《かとうたかあき》
憲政会総裁。第二次護憲運動後の総選挙で憲政会は第1党に。
若槻礼次郎《わかつきれいじろう》
憲政会副総裁。憲政会発足時からの党員で、加藤を補佐してきた。
革新倶楽部
憲政擁護！
普通選挙を断行
せねばならない!!
サブリーダー
犬養毅《いぬかいつよし》
革新倶楽部の実質的最高指導者。普通選挙法公布を訴えた。
尾崎行雄《おざきゆきお》
犬養とともに運動の先頭に立つ。普選と軍縮を掲げ、全国を遊説した。
打倒
元老
西園寺公望《さいおんじきんもち》
最後の元老。積極的に清浦を首相に奏薦《そうせん》した。
次の首相に推薦
しておくから
松方正義《まつかたまさよし》
元老。西園寺と相談し、清浦を首相に推薦した。この年に亡くなる。
指名
清浦内閣
国民からも嫌われ
ているんだが…
清浦奎吾《きようらけいご》
内閣総理大臣。貴族院議員で内閣のほとんどを構成し、超然内閣と批判された。
貴族院議員

Team No.46
昭和時代

# 昭和維新を目指す青年将校クーデター

## 天皇親政を実現するために二・二六事件を起こす

### 青年将校らが目指した昭和維新

3日前の大雪が、路面に未だ残る2月26日の東京。陸軍の安藤輝三《あんどうてるぞう》大尉ら青年将校《せいねんしょうこう》が、1400名の兵を率いて各所を襲撃した。そして内大《ないだい》臣《じん》の斎藤実《さいとうまこと》、蔵相《ぞうしょう》の高橋是清《たかはしこれきよ》などを殺害。さらに侍従長《じじゅうちょう》の鈴木貫太郎《すずきかんたろう》に大怪我を負わせ首相官邸や警視庁など主要な組織のある永田町・三宅坂一帯を占拠した。のちに二・二六事件と呼ばれるクーデターである。

当時の陸軍は、官僚とともに政治を行おうとする〝統制派《とうせいは》〟と、天皇親政国家を目指す〝皇道派《こうどうは》〟に分かれ、対立が激化していた。そして皇道派の中でも、一部過激派の青年たちは政府から危険視され、満州移駐が決定。**派閥争いの蚊帳《かや》の外に置かれると焦った安藤大尉、野中四郎《のなかしろう》大尉などが、皇道派の軍部政権と天皇親政を目指して突然蜂起したのだ。**

### 3日で鎮圧されたクーデター

決起当初、軍部は彼らに同情的だが、将校らが親政を願っていた昭和《しょうわ》天皇《てんのう》から声があがる。天皇は「私の老臣を殺すとは何ということだ。自ら近衛兵《このえへい》を率いて討伐する」と激高。これが鶴の一声となり、東京に戒厳《かいげん》令《れい》が敷かれ、軍政が発動。29日に事件は鎮圧された。

原隊復帰の奉勅命令（天皇の統帥命令）に対して、大人しく投降する者もいたが、野中は陸相官邸で自決。そして安藤らも、数カ月後の特設陸軍軍法会議による非公開裁判で死刑を宣告される。弁護人もなく上告もできないという、厳しい裁判だった。

理想のために動くことは間違いではない。ただ主張だけを掲げて、周囲を見ずに突き進む組織は長続きせず、その行動自体が、無駄になってしまうことが多いのだ。

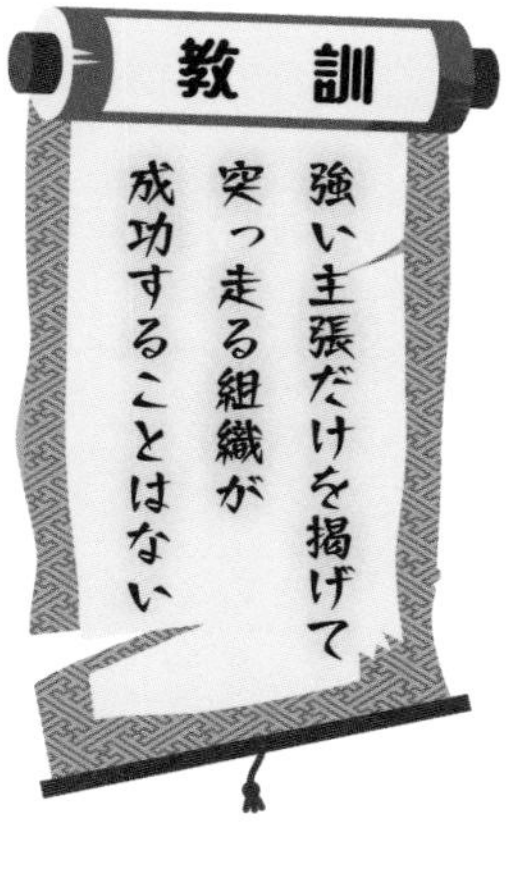


**リーダー**
安藤輝三《あんどうてるぞう》

**サブリーダー**
野中四郎《のなかしろう》

**結成年** 1936年2月26日
（クーデターの決行）

**解散年** 1936年2月29日
（クーデターの鎮圧）

**●チーム紹介**
天皇親政と昭和維新を実現するために、都内の要所を襲撃していった青年将校らの決起部隊。

## 昭和維新を目指す青年将校クーデター

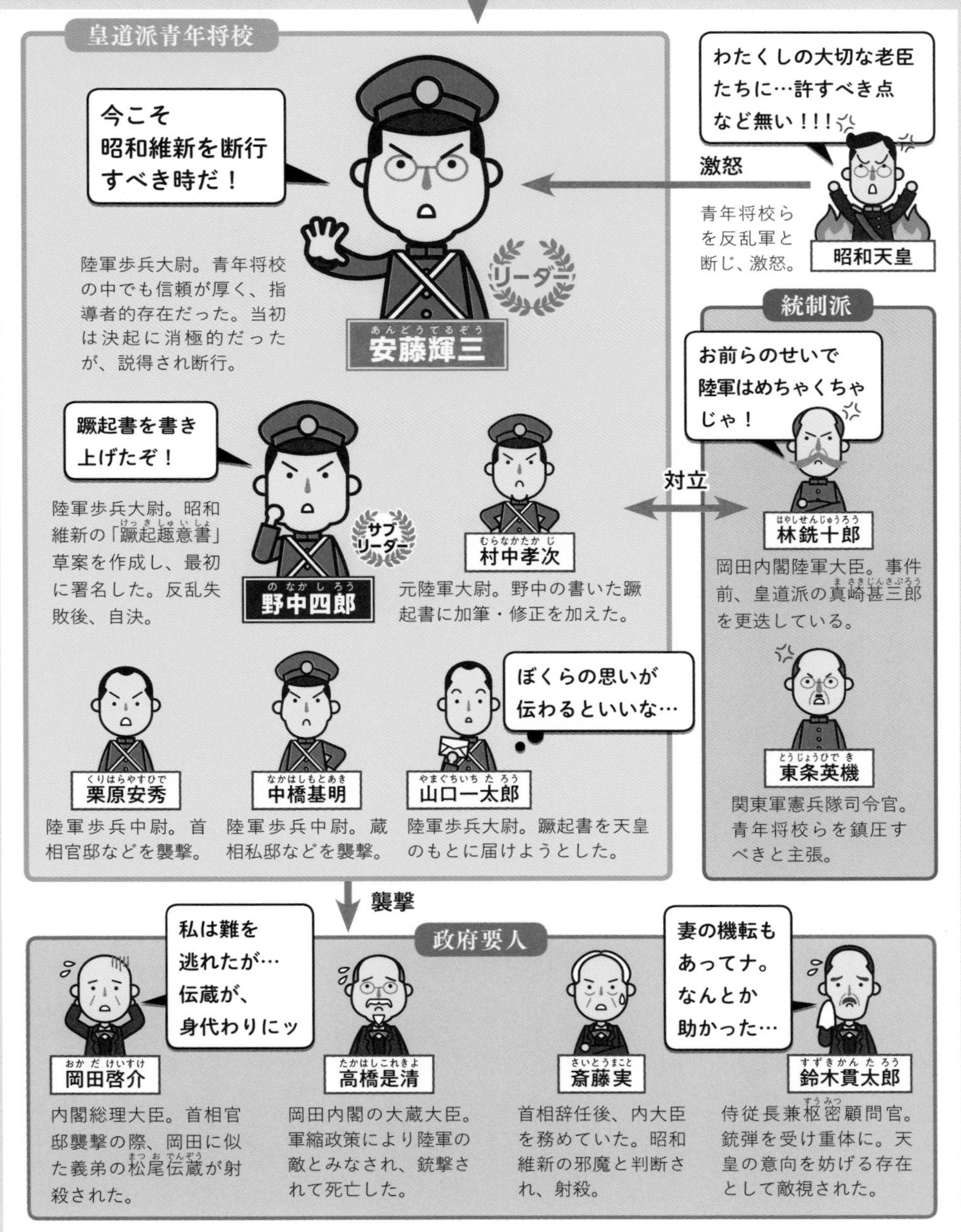

皇道派青年将校
今こそ昭和維新を断行すべき時だ！
リーダー
安藤輝三《あんどうてるぞう》
陸軍歩兵大尉。青年将校の中でも信頼が厚く、指導者的存在だった。当初は決起に消極的だったが、説得され断行。
わたくしの大切な老臣たちに…許すべき点など無い！！！
激怒
青年将校らを反乱軍と断じ、激怒。
昭和天皇
蹶起書を書き上げたぞ！
陸軍歩兵大尉。昭和維新の「蹶起趣意書《けっきしゅいしょ》」草案を作成し、最初に署名した。反乱失敗後、自決。
サブリーダー
野中四郎《のなかしろう》
村中孝次《むらなかたかじ》
元陸軍大尉。野中の書いた蹶起書に加筆・修正を加えた。
ぼくらの思いが伝わるといいな…
栗原安秀《くりはらやすひで》
陸軍歩兵中尉。首相官邸などを襲撃。
中橋基明《なかはしもとあき》
陸軍歩兵中尉。蔵相私邸などを襲撃。
山口一太郎《やまぐちいちたろう》
陸軍歩兵大尉。蹶起書を天皇のもとに届けようとした。
統制派
お前らのせいで陸軍はめちゃくちゃじゃ！
対立
林銑十郎《はやしせんじゅうろう》
岡田内閣陸軍大臣。事件前、皇道派の真崎甚三郎《まさきじんざぶろう》を更迭している。
東条英機《とうじょうひでき》
関東軍憲兵隊司令官。青年将校らを鎮圧すべきと主張。
襲撃
政府要人
私は難を逃れたが…伝蔵が、身代わりにッ
岡田啓介《おかだけいすけ》
内閣総理大臣。首相官邸襲撃の際、岡田に似た義弟の松尾伝蔵《まつおでんぞう》が射殺された。
高橋是清《たかはしこれきよ》
岡田内閣の大蔵大臣。軍縮政策により陸軍の敵とみなされ、銃撃されて死亡した。
斎藤実《さいとうまこと》
首相辞任後、内大臣を務めていた。昭和維新の邪魔と判断され、射殺。
妻の機転もあってナ。なんとか助かった…
鈴木貫太郎《すずきかんたろう》
侍従長兼枢密《すうみつ》顧問官。銃弾を受け重体に。天皇の意向を妨げる存在として敵視された。

Team No.47
昭和時代

# 近衛内閣の対米戦争回避交渉チーム

## 人事を刷新し戦争回避の準備を進めるが…

### 戦争回避のために人事を尽くす

中国の盧溝橋《ろこうきょう》に響く銃声から始まった日中戦争《にっちゅうせんそう》以降、日本は戦時体制に突入する。この時の首相は名門出身で国民人気の高い近衛文麿《このえふみまろ》だが、彼でも戦争回避はできなかった。なぜなら二・二六事件以降、政府内で陸軍の声が大きくなっていたからだ。

ドイツが宣戦布告し第二次世界大戦《だいにじせかいたいせん》が始まると、日本はアメリカを仮想敵国としてドイツ・イタリアと三国同盟《さんごくどうめい》を締結。さらに松岡洋右《まつおかようすけ》外務大臣はソ連と中立条約を結ぶなど、アメリカとの戦いは秒読みだった。

しかし、**近衛はアメリカとの戦争回避を望み、内閣を解散。松岡を外し、親米派の豊田貞次郎《とよだていじろう》を外務大臣に任命。さらにアメリカのF・ローズヴェルト大統領と懇意な、野村吉三郎《のむらきちさぶろう》を駐米大使に任命するなど、戦争を避けるための内閣を組閣した。**

### 陸軍の声に負けた政府高官

しかし野村がアメリカのハル国務長官と交渉を始めた頃、日本軍は資源を求め、南部仏印に進出。アメリカは態度を硬化、日本に厳しい条件を突きつける。これを聞いた陸軍大臣東条英機《とうじょうひでき》は、交渉の打ち切りを強く主張。海軍は陸軍に「この戦争に勝機なし」と言い出せず、政府内は開戦に傾いていく。交渉失敗を悟った近衛内閣は、交渉期限を前に総辞職し、次につくられたのは東条内閣。もう戦争は避けられなかった。

必死に交渉を続けた野村だが、交渉中に南部仏印進駐が起こり、交渉に大きな支障をきたした。アメリカからすると、野村の言葉は地に足のついていない交渉に映ったことだろう。このように組織の中の強硬派を抑えつけることができなければ、自分の目的を達成することはできない。

**教訓**

一度決めた目標は強い信念で貫かないと頓挫してしまう

**リーダー**
近衛文麿《このえふみまろ》

**サブリーダー**
野村吉三郎《のむらきちさぶろう》

**結成年** 1941年7月
(第三次近衛内閣の組閣)

**解散年** 1941年10月
(交渉失敗を悟り総辞職)

●チーム紹介
日米間の緊張が高まる中、戦争回避を目指して交渉を重ねた、近衛文麿をリーダーとする内閣。

# 近衛内閣の対米戦争回避交渉チーム

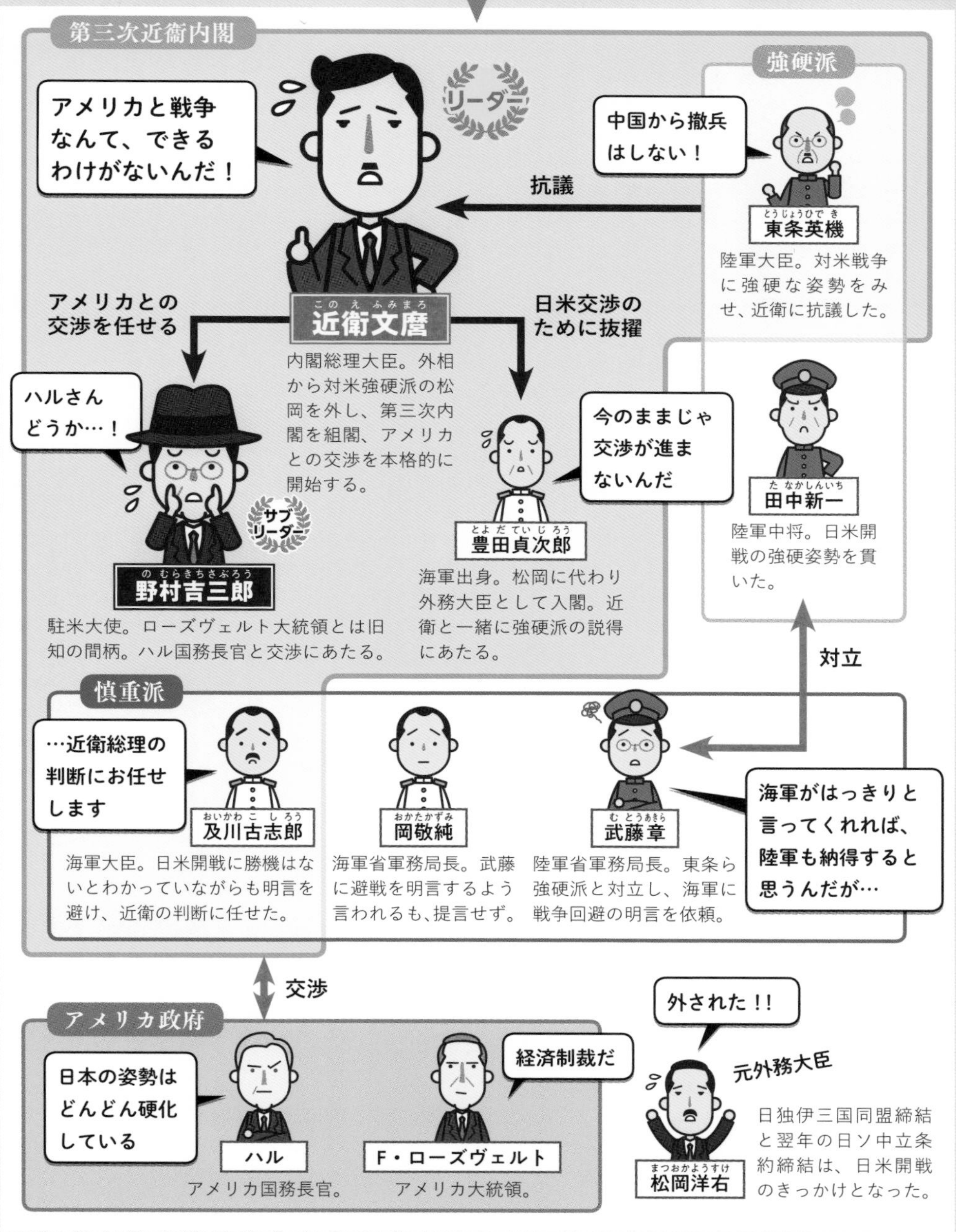

第三次近衛内閣
アメリカと戦争なんて、できるわけがないんだ！
リーダー
近衛文麿《このえふみまろ》
内閣総理大臣。外相から対米強硬派の松岡を外し、第三次内閣を組閣、アメリカとの交渉を本格的に開始する。
抗議
強硬派
中国から撤兵はしない！
東条英機《とうじょうひでき》
陸軍大臣。対米戦争に強硬な姿勢をみせ、近衛に抗議した。
田中新一《たなかしんいち》
陸軍中将。日米開戦の強硬姿勢を貫いた。
アメリカとの交渉を任せる
日米交渉のために抜擢
ハルさんどうか…！
サブリーダー
野村吉三郎《のむらきちさぶろう》
駐米大使。ローズヴェルト大統領とは旧知の間柄。ハル国務長官と交渉にあたる。
今のままじゃ交渉が進まないんだ
豊田貞次郎《とよだていじろう》
海軍出身。松岡に代わり外務大臣として入閣。近衛と一緒に強硬派の説得にあたる。
対立
慎重派
…近衛総理の判断にお任せします
及川古志郎《おいかわこしろう》
海軍大臣。日米開戦に勝機はないとわかっていながらも明言を避け、近衛の判断に任せた。
岡敬純《おかたかずみ》
海軍省軍務局長。武藤に避戦を明言するよう言われるも、提言せず。
武藤章《むとうあきら》
陸軍省軍務局長。東条ら強硬派と対立し、海軍に戦争回避の明言を依頼。
海軍がはっきりと言ってくれれば、陸軍も納得すると思うんだが…
交渉
アメリカ政府
日本の姿勢はどんどん硬化している
ハル
アメリカ国務長官。
経済制裁だ
F・ローズヴェルト
アメリカ大統領。
外された!!
元外務大臣
松岡洋右《まつおかようすけ》
日独伊三国同盟締結と翌年の日ソ中立条約締結は、日米開戦のきっかけとなった。

Team No.48

昭和時代

# 「ご聖断」を引き出した御前会議チーム

## 終戦に向けての根回しを用意周到に行う

### 終戦に向けて動き始めた内閣

太平洋戦争《たいへいようせんそう》が始まっておよそ4年、連合国より日本への戦後処理を取り決めた、ポツダム宣言が公表された。しかし日本政府がそれを黙殺したことで、広島・長崎に原子爆弾が投下されるという悲劇が起きる。

時の首相は鈴木貫太郎《すずきかんたろう》。天皇が戦争終結を願っていることに気づいた鈴木は、終戦に向けて動き始めるも、そんな彼を待っていたのは、戦争継続を訴える軍部との戦いだった。**内閣書記官長（現在の官房長官にあたる）の迫水久常《さこみずひさつね》、そして和平案「木戸試案」で軍部の抑え込みを考えていた、内大臣の木戸幸一《きどこういち》と組み、彼らは終戦を目指すことになる。**

鈴木は2度、大胆な行動に出た。最初は8月10日未明の御前会議。戦争継続を主張する軍部と、宣言受諾を望む東郷茂徳《とうごうしげのり》外相らで意見が割れた。その時、鈴木は天皇に聖断《せいだん》を仰ぎ、陛下から「宣言受諾」の言葉を引き出す。しかし軍部の声は止まらない。悩む鈴木に迫水が放った「陛下に再度お願いすべきでは」これに閃き、鈴木は再び行動を起こす。

### “無血終戦”の手続きに奔走

彼は14日に行われる御前会議で「終結宣言の勅命」を天皇自身から出して貰えるように根回ししたのである。勅命であれば軍部も口を出せない。**鈴木の計画通り、この会議で終戦が決定。15日には迫水の練った終戦の詔書をもとに玉音放送《ぎょくおんほうそう》が流された。**こうしてすべてをやり終えた鈴木内閣は、17日に責任を取り総辞職。日本はGHQの占領下に置かれた。

難しい決断を下すのに大事なことは事前の準備。そして願う方向へ時勢を誘導させる根回し。急ぐ時こそ深謀《しんぼう》をめぐらす必要があるのだ。

**教訓**

**重要な決断の時こそ事前の根回しは忘れないように**

**リーダー**

**鈴木貫太郎《すずきかんたろう》**

**サブリーダー**

**迫水久常《さこみずひさつね》**

結成年 1945年4月7日（鈴木内閣の発足）

解散年 1945年8月15日（太平洋戦争が終戦する）

●チーム紹介

戦争継続を訴える軍部を抑えるため、禁忌とされた天皇の聖断を仰いだ鈴木貫太郎首相と終戦派。

# 「ご聖断」を引き出した御前会議チーム

鈴木内閣
陛下のお考えをもって、この会議の決定にしたいのです
この会議は正しく行われているのだ！！
御前会議セッティング依頼
花押を貰っておく
伺いをたてる
わたくしは、外務大臣の意見に同意である
サブリーダー
迫水久常《さこみずひさつね》
内閣書記官長。御前会議に必要な梅津と豊田の花押を、内容を伏せて事前にもらっておいた。
リーダー
鈴木貫太郎《すずきかんたろう》
内閣総理大臣。元・侍従長で、天皇からの信任が厚かった。御前会議で天皇の聖慮を伺う。
昭和天皇
8月14日の御前会議にて涙ながらに「聖断」を下した。
抗戦派
いつもの御前会議と流れが違うぞ？
阿南惟幾《あなみこれちか》
陸軍大臣。天皇制保持のほか、連合軍による占領拒否などの3条件であればポツダム宣言をのむと主張。
受諾派
一刻も早い講和をしなければならない！
米内光政《よないみつまさ》
元首相・海軍大臣。戦争終結を強く主張した。
東郷茂徳《とうごうしげのり》
外務大臣。天皇制保持の1条件でポツダム宣言を受諾すべきと主張。
木戸幸一《きどこういち》
天皇の側近で内大臣を務める。
議論
あの時の花押は…！
梅津美治郎《うめづよしじろう》
参謀総長。本土決戦を主張した。
豊田副武《とよだそえむ》
軍令部総長。徹底抗戦を主張した。
平沼騏一郎《ひらぬまきいちろう》
元首相・枢密院議長。東郷の意見に賛同した。
終戦反対！
陸軍将校
玉音放送を流させないよう、クーデターを起こそうとした。

Team No.49

昭和時代

# 吉田内閣の憲法改正委員会

## 大日本帝国憲法を改正し民主化政策を進める

### GHQとともに始まった戦後処理

終戦後、日本はマッカーサー元帥率いるGHQ（連合国軍総司令部）の占領統治下に置かれ、時の首相の吉《よし》田茂《だしげる》は彼らと戦後復興を図ることになる。吉田はマッカーサー相手にも遠慮のない言葉を放っていたが、かえって堂々としたその態度が信頼を勝ち取った。そんな**吉田のブレーンはGHQより「従順ならざる唯一の日本人」と呼ばれた白洲次郎《しらすじろう》。時にGHQと反発しながらも、ともに戦後日本を立て直した吉田内閣だが、新憲法づくりは頭の痛い問題だった。**

### 国会でも紛糾した憲法案

対日占領政策決定の最高機関として、ワシントンに11カ国（のちの13カ国）で設置された極東委員会《きょくとういいんかい》が始動しようとしていた。もし極東委員会が憲法改正に介入すれば、間違いなく天皇制は廃止となる。その前に新憲法をつくって、日本の民主化をアピールする必要があった。しかし、日本側の改正案はGHQに却下され、代わりに「象徴天皇制、戦争の放棄」を含む「GHQ草案」が出された。戦争放棄について国会では「自《じ》衛権《えいけん》を放棄していいのか」と紛糾《ふんきゅう》が起きるも吉田はその意見を強い口調で跳ね除け、戦争の放棄を訴えた。

ところが憲法改正小委員会《けんぽうかいせいしょういいんかい》の委員長芦田均《あしだひとし》が戦争放棄項目である第9条第2項に「前項の目的を達するため」と、自衛権の含みをもたせる一文を加筆。このことで自衛権の可否について論争が続くことになる。

ともかくも、吉田内閣は極東委員会の横槍が入る前ギリギリのところで、日本の民主化の一歩を踏み出すことに成功した。思い通りに物事を進めるためには時に内外へ向けて強い態度を見せる必要があるのだ。

**教訓**

物事を優位に進めるため
時には強い姿勢を
見せることも必要

**リーダー**

吉田茂《よしだしげる》

**サブリーダー**

白洲次郎《しらすじろう》
芦田均《あしだひとし》

**結成年** 1946年5月
（第一次吉田内閣成立）

**解散年** 1946年11月
（日本国憲法公布）

**●チーム紹介**

憲法改正草案を審議、GHQと渡り合いながら修正を進め、民主化憲法を公布した第一次吉田内閣。

# 吉田内閣の憲法改正委員会

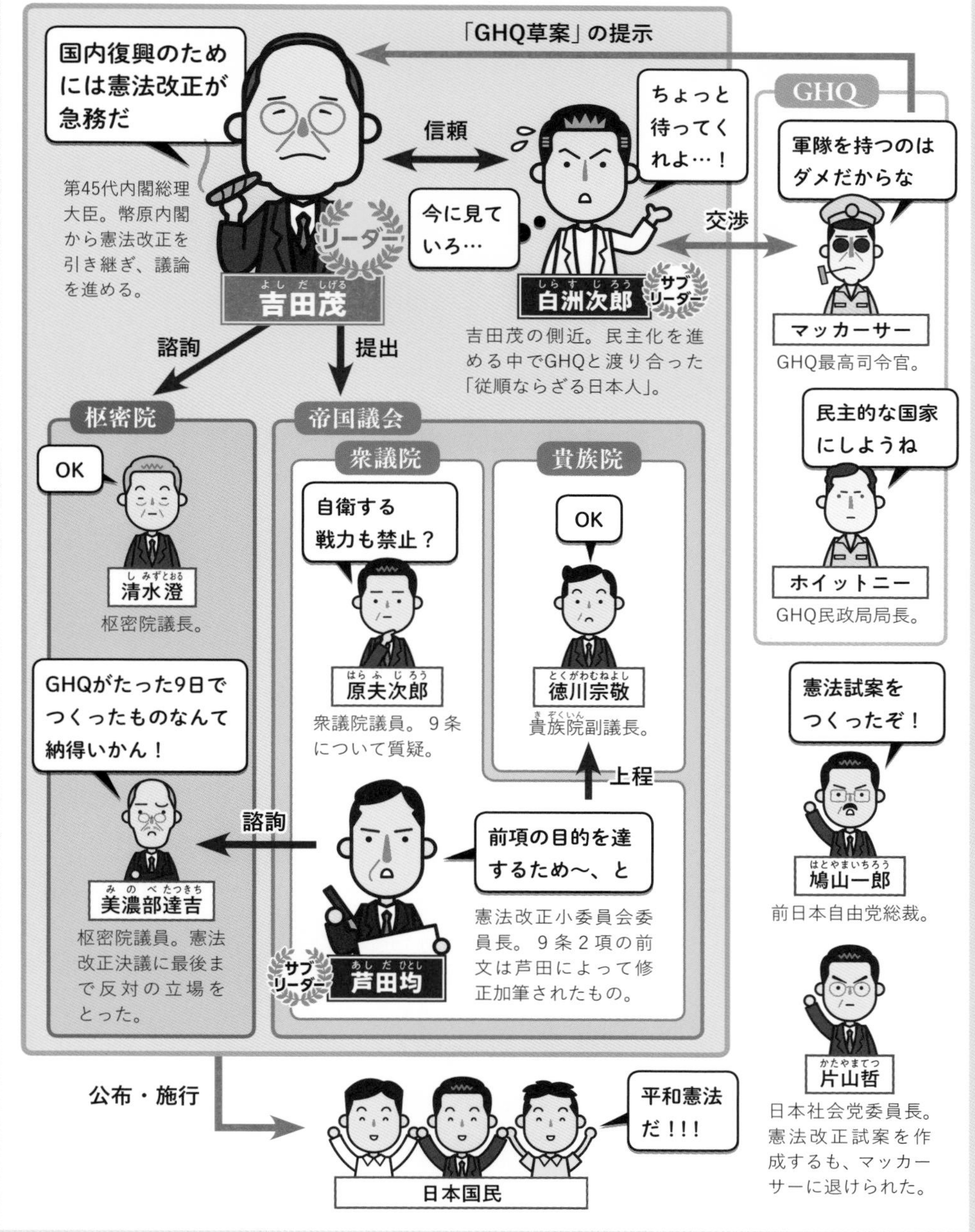

「GHQ草案」の提示
国内復興のためには憲法改正が急務だ
リーダー
吉田茂《よしだしげる》
第45代内閣総理大臣。幣原内閣から憲法改正を引き継ぎ、議論を進める。
信頼
ちょっと待ってくれよ…！
今に見ていろ…
サブリーダー
白洲次郎《しらすじろう》
吉田茂の側近。民主化を進める中でGHQと渡り合った「従順ならざる日本人」。
交渉
GHQ
軍隊を持つのはダメだからな
マッカーサー
GHQ最高司令官。
民主的な国家にしようね
ホイットニー
GHQ民政局局長。
諮詢
提出
枢密院
OK
清水澄《しみずとおる》
枢密院議長。
GHQがたった9日でつくったものなんて納得いかん！
美濃部達吉《みのべたつきち》
枢密院議員。憲法改正決議に最後まで反対の立場をとった。
帝国議会
衆議院
自衛する戦力も禁止？
原夫次郎《はらふじろう》
衆議院議員。９条について質疑。
貴族院
OK
徳川宗敬《とくがわむねよし》
貴族院《きぞくいん》副議長。
上程
諮詢
前項の目的を達するため〜、と
サブリーダー
芦田均《あしだひとし》
憲法改正小委員会委員長。９条２項の前文は芦田によって修正加筆されたもの。
憲法試案をつくったぞ！
鳩山一郎《はとやまいちろう》
前日本自由党総裁。
片山哲《かたやまてつ》
日本社会党委員長。憲法改正試案を作成するも、マッカーサーに退けられた。
公布・施行
平和憲法だ！！！
日本国民

Team No.50
昭和時代

# ホンダF1レーシングプロジェクト

## F1を制した日本の自動車メーカーの挑戦

**リーダー**
本田宗一郎《ほんだそういちろう》

**サブリーダー**
河島喜好《かわしまきよし》

**結成年** 1964年
（ホンダF1初参戦）

**解散年** 未定
（現在も挑戦は続く）

**●チーム紹介**
「夢の追求のため、失敗を恐れず、挑み続ける」という本田宗一郎の思想を体現するレーシングチーム。

### 世界一を目指したホンダ

本田宗一郎《ほんだそういちろう》が一代で築き上げた本田技研工業は、「世界一になって初めて日本一になれる」という信念のもと、戦後成長時代を支えた自動車・バイクメーカーだ。**経営に詳しい藤《ふじ》沢武夫《さわたけお》や若手のエンジニア河島喜好《かわしまきよし》とともにオートバイをつくっていた頃、のちにF1チームの監督を務める中村良夫《なかむらよしお》が入社。彼の「自動車をつくりたい」という熱意に押された本田は、車のエンジンの研究も進め、やがてF1を目指すようになる。**

### 苦境に活路を見出した

参戦当初は勝てなかったものの、5年目には初優勝を遂げるなど、チームは成長を続けた。しかし排気ガスによる公害問題に注力するためF1参戦を休止。さらに自動車の排気ガスから有害物質を10分の1にすることを義務付けたマスキー法が制定され、苦境に立たされることに。

それを聞いた本田は「どの会社もゼロからのスタートだ。これはチャンス」と奮起。世界に先駆けて基準を満たすエンジンをつくりあげる。だが車を売るために新エンジン開発を目指した本田と異なり、久米是《くめただ》志《し》、桜井淑敏《さくらいよしとし》などの若手社員は「公害に苦しむ人を救うため」の低公害エンジンづくりを目指した。それを知った本田は世代交代を実感し、藤沢とともに引退してしまう。2代目社長に就任した河島は会社を軌道に乗せると、本田の夢であった年間F1優勝を目指し戦い続けた結果、ホンダは常勝チームとなり黄金期を迎えた。

苦境に立った時、人は初めて底力を出せる。「できない」ことに挑戦し続ける人だけが困難に打ち勝つことができるのだ。

**教訓**

**実力のある部下と理想に燃える若手の組み合わせは最強**

# ホンダF1レーシングプロジェクト

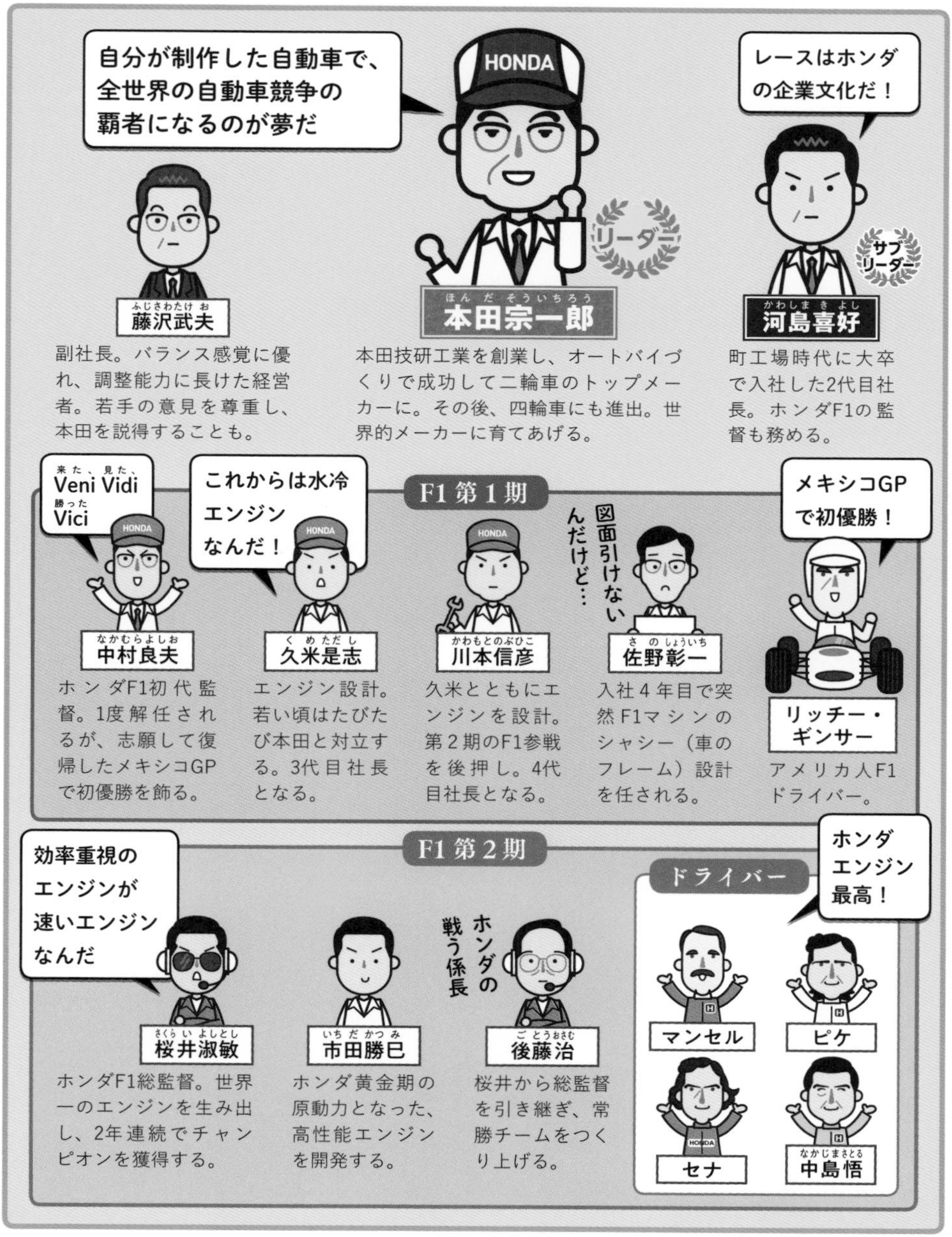
自分が制作した自動車で、全世界の自動車競争の覇者になるのが夢だ
HONDA
リーダー
本田宗一郎《ほんだそういちろう》
本田技研工業を創業し、オートバイづくりで成功して二輪車のトップメーカーに。その後、四輪車にも進出。世界的メーカーに育てあげる。
藤沢武夫《ふじさわたけお》
副社長。バランス感覚に優れ、調整能力に長けた経営者。若手の意見を尊重し、本田を説得することも。
レースはホンダの企業文化だ！
サブリーダー
河島喜好《かわしまきよし》
町工場時代に大卒で入社した2代目社長。ホンダF1の監督も務める。
F1 第1期
Veni《来た、》 Vidi《見た、》 Vici《勝った》
中村良夫《なかむらよしお》
ホンダF1初代監督。1度解任されるが、志願して復帰したメキシコGPで初優勝を飾る。
これからは水冷エンジンなんだ！
久米是志《くめただし》
エンジン設計。若い頃はたびたび本田と対立する。3代目社長となる。
川本信彦《かわもとのぶひこ》
久米とともにエンジンを設計。第2期のF1参戦を後押し。4代目社長となる。
図面引けないんだけど…
佐野彰一《さのしょういち》
入社4年目で突然F1マシンのシャシー（車のフレーム）設計を任される。
メキシコGPで初優勝！
リッチー・ギンサー
アメリカ人F1ドライバー。
F1 第2期
効率重視のエンジンが速いエンジンなんだ
桜井淑敏《さくらいよしとし》
ホンダF1総監督。世界一のエンジンを生み出し、2年連続でチャンピオンを獲得する。
市田勝巳《いちだかつみ》
ホンダ黄金期の原動力となった、高性能エンジンを開発する。
ホンダの戦う係長
後藤治《ごとうおさむ》
桜井から総監督を引き継ぎ、常勝チームをつくり上げる。
ドライバー
ホンダエンジン最高！
マンセル
ピケ
セナ
中島悟《なかじまさとる》

歴史を深ぼり!

# 日本史を動かした50チーム


**監修　伊藤賀一**（いとうがいち）

1972年、京都府生まれ。法政大学文学部史学科卒業。東進ハイスクールの講師を経て、現在はオンライン予備校「スタディサプリ」（リクルート社運営）で高校日本史・倫理・政治経済・現代社会・中学地理・中学歴史・中学公民の7科目を担当する「日本一生徒数の多い社会講師」として活躍中。主な著書に『「90秒スタディ」ですぐわかる！日本史速習講義』（PHP研究所）、『47都道府県の歴史と地理がわかる事典』（幻冬舎新書）、『笑う日本史』（KADOKAWA）など多数。

**編集協力　かみゆ歴史編集部**（滝沢弘康、丹羽篤志、速川令美）

「歴史はエンタテインメント！」をモットーに、ポップな媒体から専門書まで編集制作を手がける歴史コンテンツメーカー。ジャンルは日本史全般、世界史、美術史、宗教・神話、観光ガイドなど。主な日本史編集制作物に『テーマ別だから理解が深まる日本史』、『時代別 いちばんエライ人でわかる日本史（以上朝日新聞出版）』、『流れが見えてくる日本史図鑑』（ナツメ社）などがある。



2021年8月15日初版印刷
2021年9月 1日初版発行

編集人　田村知子
発行人　今井敏行
発行所　JTBパブリッシング
〒162-8446
東京都新宿区払方町25-5
編集：03-6888-7860
販売：03-6888-7893
https://jtbpublishing.co.jp/

編集・制作　情報メディア編集部（桜井晴也）

印刷所　佐川印刷

執筆　稲泉知、野中直美

表紙デザイン　池上幸一

誌面デザイン・イラスト・DTP　株式会社ウエイド





214525　808170
978-4-533-14625-1　C2021




●本書に掲載している歴史や由来は諸説ある場合があります。●本書の中で登場するイラストは、事柄の雰囲気を伝えるもので、必ずしも厳密なものではありません。


【主要参考文献】

『日本史に出てくる組織と制度のことがわかる本』、『西郷隆盛』、『歴史読本2012年1月号』（以上新人物往来社）、『壬申の乱と関ヶ原の戦い』（本郷和人著／祥伝社）、『全集 日本の歴史 第4巻』（川尻秋生著）、『Jr.日本の歴史5』（大石学著）、『伊能忠敬測量隊』（渡部一郎編著／以上小学館）、『ライバル対決で読む日本史』（菊池道人著）、『源氏将軍断絶』（坂井孝一著）、『聖断』（半藤一利著／以上PHP研究所）、『蒙古襲来』（服部英雄著／山川出版社）、『モンゴル襲来と国土防衛戦』（北岡正敏著／叢文社）、『改訂版 親鸞聖人二十四輩巡拝』（新妻久郎著／朱鷺書房）、『室町幕府崩壊』（森茂暁著）、『歴史読本2014年12月号』（以上KADOKAWA）、『室町幕府全将軍・管領列伝』（日本史史料研究会監修、平野明夫編／星海社）、『図説室町幕府』（丸山裕之）、『室町幕府将軍列伝』（榎原雅治、清水克行編／以上戎光祥出版）、『武家文化と同朋衆』（村井康彦著／筑摩書房）、『足利義政と銀閣寺』（ドナルド・キーン著、角地幸男訳）、『日本の近代5』（北岡伸一著）、『日本の近代6』（五百旗頭真著／以上中央公論新社）、『日本創始者列伝』（加来耕三著／学陽書房）、『徳川家康』（藤井讓治著）、『天下人の時代』（藤井讓治著）、『徳川慶喜』（家近良樹著／以上吉川弘文館）、『春日局』（福田千鶴著／ミネルヴァ書房）、『大奥学事始め』（山本博文著／NHK出版）、『歴史群像 徳川家光』、『歴史群像 西南戦争』、『歴史群像 日露戦争』、『歴史群像 実録首相列伝』（以上学研プラス）、『江戸の教育力』（大石学著／東京学芸大学出版会）、『現代語訳 墨夷応接録』（森田健司編訳・校註・解説／作品社）、『図解 幕末・維新』（東京都歴史教育研究会監修／成美堂出版）、『民権と憲法』（牧原憲夫／岩波書店）、『日本美術の歴史』（辻惟雄著／東京大学出版会）